职业教育物流类专业系列教材

智慧物流技术与实务

主　编　潘艳君　彭宏春
副主编　杨　涛　李利利
参　编　万贵银　冯维芹　郑　峰
　　　　余　寒　赵　钰　殷鹏程

机械工业出版社
CHINA MACHINE PRESS

本书为全国物流职业教育教学指导委员会"基于新专业标准的物流类专业教材建设"专项课题研究成果教材。

本书基于物流行业智慧化转型与升级，结合物流企业人才需求，融合国内外智慧物流研究成果和实践案例编写而成。通过六个项目，从智慧物流基础到数据采集、处理、网络通信、自动化技术及综合应用，解析了编码、识别、检测、跟踪定位等关键技术，探讨了大数据、物联网的应用场景，展示了物流机器人、无人机/车等自动化技术，并结合新零售、冷链物流、快递物流等领域，阐述了智慧物流的综合应用与发展方向。

本书可作为中职物流服务与管理专业的教材，也可作为物流行业从业人员、物流管理及相关专业的学生，以及对智慧物流感兴趣的自学者的参考用书。

图书在版编目（CIP）数据

智慧物流技术与实务 / 潘艳君，彭宏春主编.
北京 : 机械工业出版社，2025.4. -- （职业教育物流类专业系列教材）. -- ISBN 978-7-111-77966-7

Ⅰ. F252.1-39
中国国家版本馆 CIP 数据核字第 202523DC80 号

机械工业出版社（北京市百万庄大街22号　邮政编码100037）
策划编辑：宋　华　胡延斌　责任编辑：宋　华　胡延斌　张美杰
责任校对：曹若菲　王　延　封面设计：王　旭
责任印制：张　博
北京铭成印刷有限公司印刷
2025年6月第1版第1次印刷
210mm×285mm・10.25 印张・193 千字
标准书号：ISBN 978-7-111-77966-7
定价：39.80元

电话服务　　　　　　　　网络服务
客服电话：010-88361066　　机　工　官　网：www.cmpbook.com
　　　　　010-88379833　　机　工　官　博：weibo.com/cmp1952
　　　　　010-68326294　　金　书　网：www.golden-book.com
封底无防伪标均为盗版　机工教育服务网：www.cmpedu.com

前言

党的二十大报告明确指出:"坚持把发展经济的着力点放在实体经济上,推进新型工业化,加快建设制造强国、质量强国、航天强国、交通强国、网络强国、数字中国。"在这一宏伟蓝图中,智慧物流作为数字经济的关键一环,正通过物联网、大数据、云计算及人工智能等前沿科技的深度融合,引领物流行业向智慧化、自动化转型。这一技术革新的浪潮使得物流行业对员工的专业技能和综合素养提出了更高标准;同时,面对全球化竞争新格局,提升我国物流行业的国际竞争力成为国家战略重点。

本书针对中职教育的特色与中职生的学习需求,遵循"项目为核心,任务为引领"的教学理念,在教学中强调"实战演练、开放互动、职业导向",力求理实一体,旨在构建一个贴合时代要求的知识与技能框架,将学生培养成具备专业技能和创新思维的实用型人才。

其亮点主要体现在以下几个方面:

1. 方法多元,学以致用

本书运用讨论激发思维,PPT培养表达,头脑风暴促创意,思维导图理知识,实战演练强技能,实现学以致用。

2. 紧跟行业,动态融合

紧跟物流业新发展,融合新技术与多学科知识,确保内容新颖实用,帮助学生掌握行业核心技能,引领物流学习新潮。

3. 直观明了,互动提升

通过直观图表和实例简化复杂概念,使学习内容清晰易懂;融入互动实践任务,增添探索乐趣,提升学生的参与感与理解力。

本书由潘艳君、彭宏春任主编,杨涛、李利利任副主编。具体编写分工如下:杨涛编写项目一,潘艳君、余寒编写项目二,冯维芹编写项目三,李利利、殷鹏程编写项目四,赵钰编写项目五,彭宏春、万贵银编写项目六。同时,为推进校企合作、工学一体化,深化产教融合人才培养模式,特邀请物流行业企业专家、山绿农产品股份集团有限公司(武汉国家冷链物流基地承建单位)总会计师、武汉市物流协会专家委员会专家郑峰担任技术顾问及统稿。

编者团队广泛搜集行业资料、前沿技术及实际案例，力求内容新颖，但面对物流技术快速迭代，某些新兴技术或具体应用案例未能及时纳入。此外，针对中职生的学习特点，我们在力求语言通俗易懂与案例贴近生活的同时，在专业深度上有所取舍，以平衡内容的深度与广度。为此，我们敬请广大师生提出宝贵意见，以便我们不断修订和完善教材，从而更好地服务于中职物流教学。

编　者

目录

前言

项目一　智慧物流概述
任务一	初识智慧物流基本知识	002
任务二	解析智慧物流发展现状	008
任务三	知晓智慧物流发展趋势	017

项目二　智慧物流采集技术
任务一	编码技术的应用	026
任务二	自动识别技术的应用	033
任务三	检测技术的应用	043
任务四	跟踪定位技术的应用	050

项目三　智慧物流数据处理技术——大数据
任务一	整理大数据背景下智慧物流数据	060
任务二	归纳大数据背景下智慧物流信息技术	067
任务三	识别大数据背景下智慧物流业务体系	074

项目四　智慧物流网络通信技术——物联网
任务一	认识物联网与物联网技术	084
任务二	物联网技术在物流行业中的应用	092

项目五　智慧物流自动化技术
任务一	物流机器人的应用	106
任务二	自动化立体仓库的应用	117
任务三	无人机/车的应用	124

项目六　智慧物流的综合应用
任务一	认知新零售环境下的智慧物流	134
任务二	智慧冷链物流的应用	142
任务三	智慧快递物流的应用	150

参考文献　　156

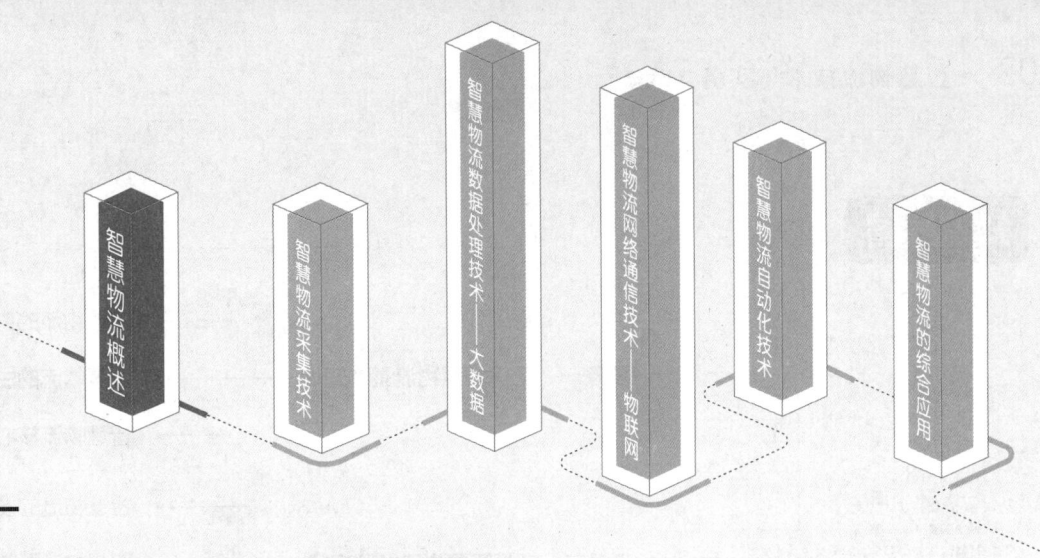

项目一
智慧物流概述

项目概述

《"十四五"数字经济发展规划》着重布局物流行业的数字化和智能化转型，倡导运用物联网、大数据等先进技术推动智慧物流体系建设，包括智能仓储、运输与配送，强调构建开放的物流信息平台以实现资源优化和高效协同。同时，还特别关注冷链物流的绿色发展，鼓励绿色物流实践，构建现代化物流体系，驱动经济高质量发展。智慧物流的发展加速了物流装备行业的转型升级，先进技术的应用使得物流装备的自动化、智能化程度越来越高，成为打造智慧物流系统的核心要素。

学习目标

知识目标

- 掌握智慧物流的概念。
- 了解智慧物流的主要功能。
- 知晓智慧物流的核心技术。
- 了解智慧物流现状及智慧物流发展趋势。

能力目标

- 能够结合具体智慧物流作业辨析智慧物流的功能。
- 能够将智慧物流核心技术与实际应用进行正确匹配。
- 能够剖析智慧物流发展现状、梳理问题，并提供解决方案。

素养目标

- 面对物流行业复杂多变的挑战，能够认识到全局视角和创新思维是推动解决方案的关键。
- 鉴于智慧物流技术的快速发展，具备快速学习新知识、新技能的能力，以适应行业变化。

知识导图

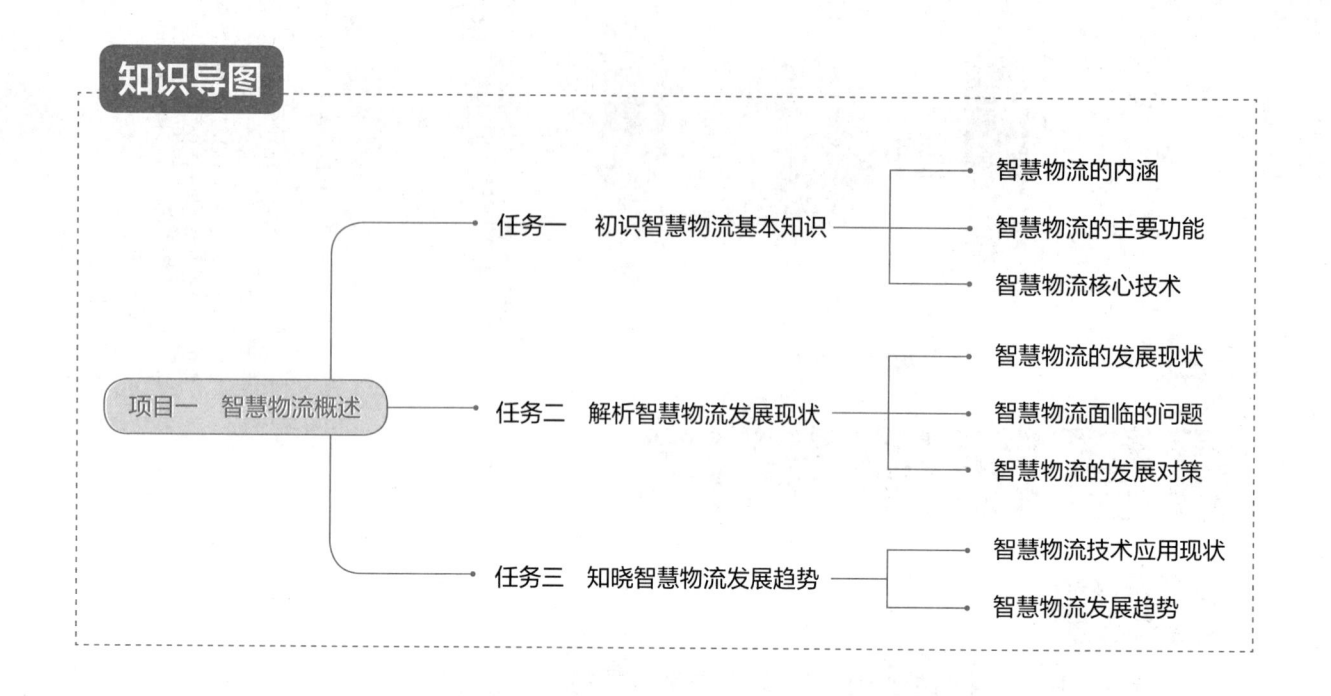

```
项目一 智慧物流概述
├── 任务一　初识智慧物流基本知识
│   ├── 智慧物流的内涵
│   ├── 智慧物流的主要功能
│   └── 智慧物流核心技术
├── 任务二　解析智慧物流发展现状
│   ├── 智慧物流的发展现状
│   ├── 智慧物流面临的问题
│   └── 智慧物流的发展对策
└── 任务三　知晓智慧物流发展趋势
    ├── 智慧物流技术应用现状
    └── 智慧物流发展趋势
```

任务一　初识智慧物流基本知识

任务描述

物流行业作为物联网技术的先行应用者，自2009年"智慧物流"概念正式提出以来，一直在积极探索和实践如何通过集成物联网（Internet of Things，IoT）、大数据分析、云计算以及人工智能等前沿技术，来重塑物流体系，实现物流作业的智能化、自动化和网络化。这一转变不仅极大地提高了物流效率，降低了运营成本，还显著增强了供应链的透明度和响应速度，促进了物流与信息流的深度融合。

本次学习任务聚焦于智慧物流领域，从基础概念到核心功能，再到智慧物流核心技术，构建学生对智慧物流的认知框架；培养学生结合实例分析智慧物流的各项功能在实际应用中的能力，有助于学生在未来工作中灵活应对各种复杂场景，提高工作效率和创新能力。

知识准备

知识点1：智慧物流的内涵

根据中国物联网校企联盟对"智慧物流"的定义，智慧物流指的是借助集成智能化技术，让物流系统模仿人的智能，具备学习、感知、推理判断、解决问题等能力，对物流过程中出现的各种难题进行自行解决。也就是利用各种互联网技术从源头开始对商品进行跟踪、管理，让信息流快于物流，以便在货物流通过程中及时获取信息，对信息进行分析，做出决策。简单来说，智慧物流就是借助传感器、射频识别（RFID）技术、移动通信技术让物流作业实现自动化、信息化、网络化。

> **课堂体验活动**
>
> *活动名：寻根溯源——物流与智慧物流的起源*
>
> *通过小组讨论、查阅网络，结合所学物流知识，梳理物流与智慧物流的起源。*

知识点2：智慧物流的主要功能

在快速发展的数字经济时代，随着消费者需求日益个性化、市场环境日趋复杂多变，传统物流模式已难以满足高效、灵活的供应链管理要求。因此，智慧物流应运而生，它融合了先进信息技术与物流管理实践，旨在通过一系列创新技术手段，彻底革新物流企业的面貌。智慧物流的主要功能体现在以下几个方面，见图1-1。

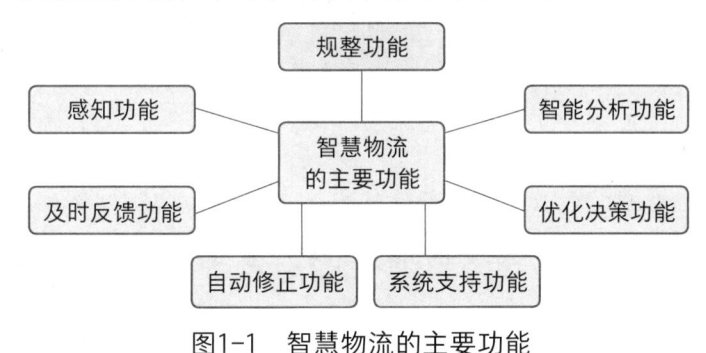

图1-1 智慧物流的主要功能

1. 感知功能

智慧物流借助于物联网技术的力量，通过部署在物流各个环节的多样化传感器、RFID标签、GPS追踪器等设备，获取物流各环节的信息，包括商品运输、存储、搬运、流通、配送、信息服务等环节，对物流数据进行实时采集，以便准确掌握货物、车辆、仓库等信息，让感知智慧初步实现。

> **小知识**
>
> 感知功能是智慧物流体系的基石，它使得物流系统仿佛拥有了"触觉"与"视觉"，能够即时感知并响应内外部变化。但其核心在于信息的精准获取，确保数据的时效性和准确性。

2. 规整功能

智慧物流借助互联网将通过感知收集到的信息传送到数据中心，构建数据库。智慧物流对数据类型进行科学划分，之后根据分类将数据加入数据库，将各类数据按要求进行清洗、整合、分类与处理，从而使数据的联系性、开放性、动态性等特性得以有效实现，并借助数据与流程的标准化让跨网络系统实现整合，让规整智慧得以实现。

> **小知识**
>
> 规整功能在智慧物流中扮演着数据处理与整合的关键角色，包括去除冗余信息、纠正错误数据、转换数据格式、统一数据标准等，确保数据的质量与一致性。它是连接感知与决策的桥梁，是将数据转化为可用知识，进而驱动智慧物流智能化运作的核心步骤之一。

3. 智能分析功能

利用智能的模拟器模型对各种物流问题进行分析。物流企业要根据问题提出假设，在实践的过程中对假设进行验证，并找出新问题。在这个过程中，物流企业要将理论与实践结合起来。在运行的过程中，系统会自行调用原有的经验数据，发现物流活动中的漏洞，实现发现智慧。

> **小知识**
>
> 智能分析功能是智慧物流中的核心智力支持部分，它让物流系统具备了自我学习与适应的能力，能够在复杂多变的市场环境中快速做出精准决策，是实现物流智慧化、高效化的重要支柱。

4. 优化决策功能

物流企业要根据特定需求，结合不同的情况对物流成本、物流时间、物流质量、物流服务、碳排放等因素进行评估，基于概率风险进行预测分析，找出最合理、有效的解决方案，从而做出科学、准确的决策，实现创新智慧。

> **小知识**
>
> 优化决策功能在智慧物流中扮演着指挥中枢的角色。通过优化决策，智慧物流系统能够自动适应变化，灵活调整策略，确保物流活动能够以最低的成本、最高的效率、最优的服务质量进行，从而为企业创造更大的价值，增强竞争力。

5. 系统支持功能

智慧物流是一个各环节相互关联、互通有无，可以对数据进行共享、对资源进行优化配置的系统，该系统能为物流过程各环节提供有效支持，让各环节实现协作。

> **小知识**
>
> 　　系统支持功能在智慧物流体系中扮演着基础架构和技术保障的角色，它涵盖了硬件设施、软件平台、通信网络、信息安全等多个方面，为智慧物流的高效运行提供了稳固的技术底座和全面的运维支持。

6．自动修正功能

智慧物流的自动修正功能是指在物流管理和运营过程中，利用先进的信息技术和自动化手段，系统能够自动监测运行状态，识别潜在问题或偏差，立即采取行动进行调整或修复，并自动备份，无须或极少需要人工介入的过程。这一功能是智慧物流高度智能化的表现，对于提升物流系统的响应速度、减少错误率、降低成本具有重要意义，是智慧物流实现高效、灵活、可持续发展的关键技术支撑之一。

7．及时反馈功能

物流信息能实现实时更新。对于系统修正与完善来说，反馈环节必不可少，应贯穿于智慧物流的每个环节。这一功能是智慧物流高度智能化的表现，其核心目标在于物流行业的从业人员可以对物流运行情况进行实时了解，使物流系统问题得到更好解决，确保物流服务的高效性、准确性和稳定性。

知识点3：智慧物流核心技术

智慧物流是以信息技术为支撑，在物流各个环节实现系统感知、全面分析、及时处理及自我调整，实现物流规整智慧、发展智慧、创新智慧和系统智慧的现代综合型物流系统。智慧物流所涉及的信息技术以物联网、云计算和大数据为核心，实现信息的捕捉、推送、处理、分析和预测，进而实现智慧物流的信息化、数字化、网络化、集成化和可视化。智慧物流核心技术框架见图1-2。

核心技术	应用	
物联网	配送线路优化　预测性运输　仓储预测与动态管理	智慧物流信息预测
云计算	客户关系挖掘　商品关联分析　市场信息聚类分析	智慧物流信息分析
	移动通信网　互联网　无线传感网　准时制推送　智能信息推送	智慧物流信息推送
大数据	条码　RFID　GPS　GIS　营销数据捕捉　信息检索　Web搜索	智慧物流信息捕捉

图1-2　智慧物流核心技术框架

任务实施

任务单见表1-1。

表1-1 任务单

	任务：探寻智慧物流与传统物流的区别	
任务目的	学生能够进一步掌握智慧物流的内涵和功能，明确智慧物流与传统物流的区别；同时，在合作过程中，体验团队合作的快乐，感悟发现问题、分析问题、解决问题的思维流程	
任务组织	根据班级人数将学生分成若干小组，3~4位同学为一组，每组选一名组长，各组在组长的带领下开展活动，通过查找资料开展调研，绘制"智慧物流与传统物流的区别"思维导图，并进行演进汇报	
任务流程	任务环节	核心要点
	教师介绍本任务的内容、要求及注意事项	（1）阅读相关文献资料，梳理物流发展的脉络 （2）查找不同的行业或企业在物流领域的实践案例，领悟智慧物流蓬勃发展的必然性 （3）搜集智慧物流核心技术实际应用的案例，进行分析整理，深入了解并总结传统物流与智慧物流的区别
	每组展示绘制完成的思维导图，现场发言交流	（1）条理清晰，表述准确 （2）富有创意，结构合理 （3）展示思维导图，同学们从内容准确性、问题探讨深度、创新思考等方面进行交流
	教师点评	（1）信息准确性。学生所引用的数据、资料是否准确 （2）思维批判性。学生是否分析了技术进步如何解决传统物流的问题，以及智慧物流目前面临的挑战和未来的发展趋势 （3）思维导图内容是否完整、结构是否符合逻辑
	教师总结	通过学习，学生探讨了智慧物流与传统物流的核心特征及其演变联系，体验了传统物流在操作、信息传递和效率方面的挑战，讨论了智慧物流如何通过技术创新来缓解这些问题，分析了两种模式的主要差异及优势劣势。希望大家能够将这些知识应用于实际情境中，思考如何利用智慧物流改善现有的物流系统
考核要求	本任务的考核主要以小组为单位来进行，采用小组自评、互评和教师评价相结合的方式，考核的主要内容有小组成员的参与协作情况、呈现的传统物流和智慧物流差异对比、思维导图的构建质量、发言效果等。根据各小组的表现，评选出优秀小组和最佳发言人。最后将本任务的相关材料归档	

任务评价

任务评价表见表1-2。

表1-2 "探寻智慧物流与传统物流的区别"的任务评价表

评价项目	分值	评价标准	自评（20%）	他评（30%）	师评（50%）	实际得分
智慧物流基本知识	10	说出智慧物流的概念				
	20	列举智慧物流的主要功能与核心技术				
	20	描述智慧物流与传统物流的区别				
绘制思维导图	20	思维导图条理清晰，表达准确，富有创意，结构合理				
演讲与表达能力	30	清晰、完整地进行展示并回答问题				
		合计				

拓展阅读

达达：为O2O行业提供最后三千米物流配送服务

达达是一家通过众包物流模式为商家提供最后三千米配送服务解决方案的物流平台，是达达集团旗下中国领先的本地即时配送平台。达达快送以众包为核心运力模式，搭建起由即时配、落地配、个人配构成的全场景服务体系，服务包括京东物流、沃尔玛、永辉、山姆、海王星辰等知名企业品牌。经过长期的模式创新和技术迭代，达达快送可为商家提供全渠道订单一体化履约服务，在保障履约效率的同时大幅降低成本。

2024年5月，达达集团全面融入京东生态，整合原即时零售品牌京东小时达、京东到家，以全新品牌形象"京东秒送"为京东数亿用户和广大消费者提供"好物立享"、最快9分钟送达的即时购物体验。

本地生活类O2O会是下一个亿万级的市场，是市场上唯一能产生超级电商的领域。而配送作为电商的三个核心点之一，有巨大的需求。传统快递模式和同城配送模式公司都无法满足生活电商配送的时效性要求，国内还没有一定规模的类似模式的第三方配送公司来满足这部分需求。

达达平台通过需求和供给的对接，将商家的配送需求和富余劳动力资源充分匹配。一方面，为本地商户和O2O平台解决最大的痛点之一——同城即时配送；另一方面，充分利用和调动社会闲散资源，在带动就业的同时极大提升了社会效率。

作业与练习

一、单项选择题

1. 智慧物流就是利用各种互联网技术从源头开始对商品进行跟踪、管理，让（　　）快于物流，以便在货物流通过程中及时获取信息，对信息进行分析，做出决策。

　　A. 资金流　　　B. 人才流　　　C. 现金流　　　D. 信息流

2. 智慧物流以（　　）为支撑，在物流各个环节实现系统感知、全面分析、及时处理及自我调整，实现物流规整智慧、发展智慧、创新智慧和系统智慧的现代综合型物流系统。

　　A. 仓储配送　　B. 信息技术　　C. 智能终端　　D. 客户服务

3. 智慧物流所涉及的信息技术以（　　）、云计算和大数据为核心，实现信息的捕捉、推送、处理、分析和预测，进而实现智慧物流的信息化、数字化、网络化、集成化和可视化。

　　A. 物联网　　　B. 互联网　　　C. EDI　　　　D. 计算机

4. 简单来说，智慧物流就是借助（　　）、射频识别（RFID）技术、移动通信技术让物流作业实现自动化、信息化、网络化。

A. 互联网　　　B. 计算机　　　C. 传感器　　　D. 物联网

　　5. 智慧物流是一个各环节相互关联、互通有无，可以对数据进行共享、对资源进行优化配置的系统，该系统能为物流过程各环节提供有效支持，让各环节实现协作。这描述的是智慧物流的（　　）功能。

　　A. 智能分析　　B. 优化决策　　C. 系统支持　　D. 及时反馈

二、判断题

1. 智慧物流指的是借助集成智能化技术，让物流系统模仿人的智能，具备学习、感知、推理判断、解决问题等能力，对物流过程中出现的各种难题进行自行解决。（　）

2. 智慧物流目前还无法实现物流信息的实时更新与反馈。（　）

3. 智慧物流会利用各种先进技术获取物流各环节的信息，包括商品运输、存储、搬运、流通、配送、信息服务等环节，对物流数据进行实时采集，以便准确掌握货物、车辆、仓库等信息，让感知智慧初步实现。（　）

4. 由于智慧物流需要各种新技术、新设备，运营成本相较传统物流极大提升，因此不利于物流综合成本的降低，影响了企业利润。（　）

5. 智慧物流借助互联网将通过感知收集到的信息传送到数据中心，构建数据库。智慧物流对数据类型进行科学划分，之后根据分类将数据加入数据库，将各类数据按要求进行规整。（　）

三、技能训练题

1. 智慧物流的主要功能有哪些？

2. 结合某一具体物流企业实例，将其使用的智慧物流核心技术进行归纳总结，撰写一篇调研报告，加深对智慧物流及其核心技术的理解。

任务二　解析智慧物流发展现状

任务描述

　　时代的发展、市场的需求引导着物流业的转变，社会及消费个体对物流也有了更高的要求。高智能、全覆盖、高柔性是物流行业未来的发展方向。目前，我国的物流业还不够完善，智慧物流的发展不够成熟，智慧物流的进步发展已然成为社会进步发展和时代变革的关键。

本次学习任务集中于探讨当前智慧物流所面临的问题及其应对策略，通过分析技术瓶颈、数据安全、成本投入等关键挑战，探索解决方案与改进措施，以促进智慧物流的可持续发展与广泛应用。

知识准备

知识点1：智慧物流的发展现状

随着信息技术的进步发展，物流技术在向自动化、信息化、数控化调整升级，如涌现出的"互联网+高效运输"、"互联网+便捷配送"、"互联网+末端基础设施"等产业新模式。在智慧仓储方面，无人机、无人仓、地狼、天狼、分拣AGV（Automated Guided Vehicle，自行导引车）、机械臂等高技术物流设备已得到初步发展应用，同时冷链技术、物流天眼、刷脸智能柜、AI（Artificial Intelligence，人工智能）机器人、语音助手等新技术正在不断助力智慧物流的发展。智慧物流的发展体现了信息技术与物流行业的深度融合，旨在通过高科技手段提升物流效率和服务质量。当前智慧物流的主要发展特点见表1-3。

表1-3 当前智慧物流的主要发展特点

智慧物流发展特点	具体内容
多技术融合应用广泛	物联网、大数据、云计算、AI等技术广泛应用于物流的各个阶段，实现数据驱动的决策与优化
自动化与智能化设备普及	自动化仓库、AGV、智能分拣系统、无人驾驶车辆等在物流中心和配送场景中的应用，提升了作业效率和精确度
数字化转型加速	物流企业加速数字化进程，构建数字物流平台，实现订单管理、货物追踪、结算支付等流程的在线化和透明化，提升了供应链的响应速度和灵活性
绿色可持续发展	智慧物流也在向绿色、低碳方向发展，如优化运输路线减碳、采用环保包装材料、使用电动/氢能运输工具
新业态、新模式持续涌现	"互联网+物流"、云仓、共享物流、即时配送等新模式不断涌现，满足市场多元化需求，推动了物流行业的创新和服务升级

> **小案例**
>
> 京东物流无人仓
>
> 以无人仓为代表的智慧物流成为物流变革的重要驱动力。京东无人仓是自动化技术与智慧系统的结合体。其智慧大脑能够在0.2s内计算出300多个机器人运行的680亿条可行路径；智能控制系统反应速度是人的6倍；分拣"小红人"速度达3m/s；运营效率是传统仓库的10倍。

> **🔵 小知识**
>
> 我国《交通运输智慧物流标准体系建设指南》旨在推动物流智能化。明确在基础设施、运载装备、系统平台、电子单证、数据交互与共享、运行服务与管理等关键领域至2025年完成30余项重点标准，形成较为完善的交通运输智慧物流标准体系；强调通过物联网、大数据等技术标准化，促进数据互通、流程优化，提升物流效率与服务质量，加强安全管理，指导智慧物流健康发展。

知识点2：智慧物流面临的问题

由于技术成本与成熟度的挑战、信息标准化及数据共享不足、基础设施建设不均、政策法规滞后、专业人才短缺、组织管理还未能适应新技术要求、市场与文化的多样性障碍，以及环境保护与可持续性的平衡难题，这些问题相互交织，要求跨领域合作和综合性策略来共同推进智慧物流的健康发展。

智慧物流面临的问题见图1-3。

```
                智慧物流面临的问题
  ┌──────────┬──────────┬──────────┬──────────┬──────────┐
发展不平衡  信息非标准化  专业人才缺乏  技术与安全问题  高昂成本
```

图1-3　智慧物流面临的问题

1. 智慧物流发展不平衡

智慧物流发展不平衡主要是因为经济实力、技术水平、基础设施建设、政策支持、市场需求、教育人才以及法律监管等方面的差异。发达国家和地区凭借其雄厚的资本、先进的技术、完善的设施和有利的政策环境，在智慧物流领域显著领先；而发展中国家则受限于资金不足、技术落后、基础设施薄弱和制度不健全等问题，智慧物流的发展步伐相对迟缓。这一不平衡现象反映了全球范围内经济发展不均和数字化转型的差异性挑战。

> **🔵 小知识**
>
> 我国构建了包括高速网络、智能交通系统以及覆盖广泛的数据中心在内的坚实数字底座。依托于全球领先的高速铁路、公路网络和现代化港口，结合密集布局的智能仓储设施、自动化分拣中心，以及广泛部署的物联网传感器和智能物流装备，如AGV机器人、无人机配送等，实现了物流体系的高效互联与智能化升级。此外，我国在5G通信、大数据、云计算等核心技术领域的突破，为智慧物流提供了强大的技术驱动，促进物流全程的可视化管理与动态优化，展现了在信息化、自动化、标准化建设方面取得的显著成就，有力推动了物流行业的数字化转型与国际竞争力的提升。

2. 智慧物流信息非标准化

智慧物流信息标准化是指在智慧物流体系构建中，为了实现物流活动全过程的信息高效流通与共享，制定一套统一的信息描述、数据格式、通信协议和技术规范的过程。而当前信息流通与共享的障碍源于缺乏统一的数据标准和接口规范，具体表现见表1-4。

表1-4 智慧物流信息标准化挑战

信息标准化挑战	具体表现
标准体系不健全	缺乏统一的物流信息分类编码、交换标准，导致数据难以互联互通
数据共享障碍	信息孤岛现象普遍，企业间数据共享意愿低，影响协同效率
技术兼容性问题	不同系统、设备间因标准不一，接口不兼容，集成应用难度大
实施成本增加	标准多样化使得系统整合复杂，增加技术改造和运营维护成本
国际接轨难度大	国内外标准差异，影响跨境物流合作，制约国际化发展
法规与政策滞后	相关法律法规对信息标准化规范不明确

3. 智慧物流专业人才缺乏

智慧物流行业正面临着专业人才供给严重不足的困境。在物流行业中，人才结构呈"金字塔"形，顶层物流管理人才稀缺，基层物流环节工作人员多，人才缺口集中体现在对既掌握扎实物流管理理论，又精通现代信息技术如大数据分析、物联网应用、人工智能算法的复合型人才的迫切需求上。但智慧物流教育滞后于智慧物流发展，高等教育体系与职业培训虽逐步响应市场变化，但培养速度与实际需求之间仍存在较大差距，导致智慧物流项目规划、系统集成、数据分析等关键岗位人才稀缺，限制了物流效率的飞跃式提升和创新技术的有效落地。因此，如何快速填补智慧物流专业人才的空缺，成为推动该领域可持续发展的核心议题。

4. 智慧物流的技术与安全问题

先进技术在物流领域的深入应用带来了新的安全威胁。数据泄露、网络攻击、系统漏洞等风险显著增加，这对物流企业的信息安全防护能力提出了更高要求。保护客户隐私、交易数据的安全，以及确保智能设备和系统的稳定运行，成为智慧物流发展中必须克服的关键难题。

5. 高昂成本

高昂成本主要体现在先进的技术设备、软件系统及集成解决方案的部署上，这些都需要巨额的初期投资。对于中小企业而言，这样的资本支出构成了巨大的财务压力，限制了它们采用新物流技术的能力，进一步加剧了与大型企业在智慧化程度上的差距。此外，高昂的成本不仅涉及硬件购置，还包括后期的运营维护、系统升级及安全保障等持续性开支，使得许多企业对智慧物流技术的应用望而却步，影响了整个行业的智能化转型进程。

> **课堂体验活动**
>
> 想一想：智慧物流还有哪些可能的问题亟待解决？

知识点3：智慧物流的发展对策

发展智慧物流是应对全球化竞争、数字经济崛起以及消费者需求快速变化的必然选择，旨在重塑物流产业链条，实现物流活动的自动化、透明化与智能化，以满足日益增长的市场需求、提升物流效率、降低成本、增强供应链弹性，并促进环境可持续性。智慧物流的发展对策见图1-4。

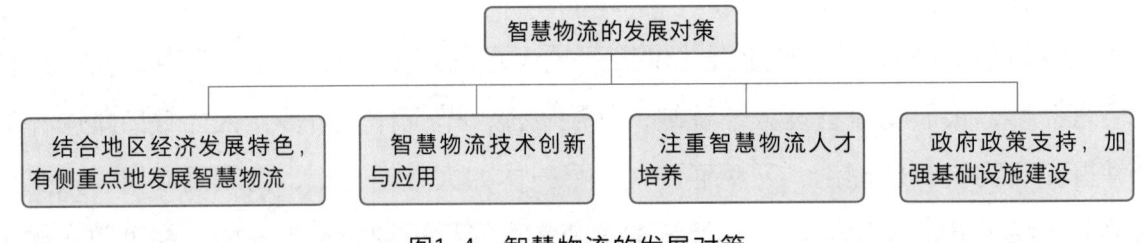

```
                    智慧物流的发展对策
    ┌──────────────┬──────────────┬──────────────┬──────────────┐
结合地区经济发展特色，   智慧物流技术创新    注重智慧物流人才    政府政策支持，加
有侧重点地发展智慧物流     与应用              培养           强基础设施建设
```

图1-4 智慧物流的发展对策

1. 结合地区经济发展特色，有侧重点地发展智慧物流

结合地区经济发展特色，分区域、分产业，从一个地区物资的种类、属性等特征出发，分析该地区物流作业的需求方向，依靠当地特有或重点交通工具建设智慧物流，有侧重点地进行智慧物流的建设。通过这种精准定位与差异化发展策略，智慧物流不仅能够有效赋能当地特色产业，加速商品流通，还能促进区域经济协同发展，为地方经济转型升级提供坚实支撑。

> **小案例**
>
> 在制造业密集区域，侧重于智能供应链管理和自动化仓储系统的部署，提升产线与物流的无缝对接；沿海港口城市则可重点发展跨境电商智慧物流平台，利用大数据优化货物配载与国际转运；农业大省可着力于冷链物流智慧化，保障生鲜农产品高效保鲜运输。

2. 智慧物流技术创新与应用

持续投入研发，推动物联网、大数据、AI、云计算等技术在物流领域的创新应用，实现物流作业全流程的智能化升级。通过智能仓储系统提升库存管理精度与效率，利用无人驾驶车辆和无人机革新配送方式，运用大数据分析优化物流网络布局与路径规划，结合区块链技术强化供应链透明度与安全性，以及借助机器学习预测需求、调度资源。

3. 注重智慧物流人才培养

注重智慧物流人才培养，意味着要构建一个涵盖高等教育、职业教育、企业实训等多层面的综合教育体系，旨在培育既懂现代物流管理又精通信息技术的复合型人才。推动校企合作、产教融合，为职业院校学生提供一些实习实训机会，让学生在真实物流环境中学习应用新技术，鼓励行业专家进校园授课，分享实战经验，同时派遣教师到企业挂职，保持教学内容与行业需求同步。此外，针对在职人员，提供持续的职业技能培训，帮助他们适应智慧物流技术的快速发展。通过这些措施，为智慧物流行业输送源源不断的高素质专业人才，支撑和引领物流行业的创新与变革。

> **新闻链接**
>
> **区域联动、产教融合，推动中高职一体化协同育人**
>
> 2024年5月29日，武汉市供销商业学校开放型区域产教融合实践中心第1期实践活动在武汉山绿集团成功开展。通过一系列的参观与体验，在场师生对于智慧物流的发展有了更深的体会，对企业"勇于承担责任，为客户创造差异化价值"的核心价值观、"树全员安全意识，铸整体安全之魂"的安全理念，夯实"做人做事"的准则，倡导"理想追求"的文化有了深深的认同感。同学们表示，此次实践活动开阔了视野、提振了信心，将认真总结，不断提升自身的专业技能和职业素养。

4. 政府政策支持，加强基础设施建设

在国家积极推动智慧物流发展的背景下，政府出台了一系列支持政策，为相关企业创造了有利的发展环境。近年来，国家发布了《促进新一代人工智能产业发展三年行动计划（2018—2020年）》等重要政策文件，旨在加快智慧物流的发展步伐。为了加速智慧物流技术人才的培养，政府通过财政支持政策，为技术人才培训提供了资金和政策上的扶持。同时，政府还实施了税收优惠政策，以鼓励智慧物流的创新和发展，对新兴的创新型企业给予税费减免的待遇。在基础设施建设方面，各地政府致力于普及网络设备，确保当地居民能够及时获取新信息，从而进一步推动智慧物流的普及和应用。

> **📖 小案例**
>
> **华为松山湖供应链物流中心**
>
> 华为松山湖供应链物流中心集成了物料接收、存储、拣选、齐套及配送等多重功能，是华为的重要样板点基地之一。该中心采用了多种先进技术，包括射频识别（RF）技术、电子标签拣货系统（PTL）、货到人挑选系统（GTP）以及旋转式传送带（Carrousel）等，彰显了其技术先进性。作为华为全球物流供应网络中的典型代表，松山湖供应链物流中心是华为供应与物流体系从被动响应向主动感知转变，以及向敏捷供应和智慧物流转型的重要成果。
>
> 在松山湖自动物流中心建成并投入运营后，华为进一步启动了智慧物流与数字化仓储项目。该项目的目标是构建一个实时可视、安全高效且能够按需交付的物流服务体系，以主动支撑交付保障工作，从而提升客户体验并改善物流运营效率。

✖ 任务实施

任务单见表1-5。

表1-5 任务单

	任务：头脑风暴——智慧物流存在的问题及发展对策
任务目的	学生能够进一步明确智慧物流的发展现状，梳理智慧物流发展面临的问题与挑战，提出合理的解决方案与对策；同时，在合作过程中，体验团队合作的快乐，感悟发现问题、分析问题、解决问题的思维流程
任务组织	根据班级人数首先将学生分成若干实训小组，3~4位同学为一组，每组选一名组长，各组在组长的带领下进行"头脑风暴"，梳理智慧物流发展存在的问题，提出合理的解决方案和对策，并进行汇报
任务流程	<table><tr><th>任务环节</th><th>核心要点</th></tr><tr><td>教师介绍本任务的内容、要求及注意事项</td><td>（1）根据所学知识，梳理智慧物流发展存在的问题和对策 （2）组内开展"头脑风暴"，讨论智慧物流发展可能存在的问题，并提出解决方案 （3）组间交流，梳理新的发现，形成结论</td></tr><tr><td>开展"头脑风暴"然后形成结论 现场总结，发言交流，小组互评</td><td>（1）准备阶段。明确目标、说明规则 （2）思维激荡。问题识别、对策探讨、结论汇总、成果输出 （3）展示分享。通过PPT或口头报告的形式 （4）小组互评。明确提问焦点、构建具体问题、激发创新思维</td></tr><tr><td>教师点评</td><td>（1）评估学生提出问题的针对性、全面性 （2）评估学生对智慧物流当前发展状况的认知水平，以及对智慧物流所面临问题和挑战的理解深度。同时，评估学生提出的解决方案和对策的合理性，强化批判性思维，并考察其团队合作能力</td></tr><tr><td>教师总结</td><td>通过学习，学生对智慧物流的发展现状有了一定的了解，并对其未来发展前景表现出期待。此次学习活动促进了团队协作意识的培养，提升了学生在发现问题、分析问题和解决问题方面的能力。学生们初步认识到智慧物流的潜力及其对传统物流模式产生的影响，为今后的学习和探索奠定了基础</td></tr></table>
考核要求	本任务的考核主要以小组为单位进行，采用小组自评、互评和教师评价相结合的方式。考核的主要内容有问题识别的全面性与准确性、创新思维、团队协作与沟通、报告与展示能力等。根据各小组的表现，评选出优秀小组和最佳发言人。最后将本任务的相关材料归档

任务评价

任务评价表见表1-6。

表1-6 "头脑风暴——智慧物流存在的问题及发展对策"的任务评价表

评价项目	分值	评价标准	自评（20%）	他评（30%）	师评（50%）	实际得分
智慧物流发展现状	10	说出智慧物流的发展现状				
	20	能否准确识别智慧物流的核心问题				
	10	分析问题是否深入，能否揭示本质原因				
	20	提出智慧物流的发展对策				
团队合作与沟通	10	团队成员间的沟通协调、角色分配与合作情况				
汇报与展示	10	汇报材料的结构及内容				
	10	清晰、完整地进行展示并回答问题				
批判性思维	10	对自我及他人观点的批判性评估，提出建设性反馈				
合计						

拓展阅读

顺丰丰翼承运，长三角地区首次实现"无人机无人车接力送快递"

2024年4月26日，一批采用无人机和无人车协同配送的快递从顺丰吴江枢纽中心出发，经7min飞行后，送抵苏州大学未来校区，接着由无人驾驶快递车送至学生手中。这次货单的完成，不仅开启了苏州快递物流配送的"低空时代"，也意味着苏州成为长三角区域内首个实现无人载具协同配送快递的城市。从顺丰吴江枢纽中心到苏州大学未来校区，全程线路7公里，如果用车辆配送则需耗时半小时。如今，无人机送件仅需7min，运输时长足足缩短了76.7%；未来顺丰将根据校园快递量，计划将无人机航线配送任务提升至每日飞行15架次。

完成此次飞行的丰翼"方舟40"无人机，是当下城市快递物流配送较为常用的机型。这款无人机采用八轴设计，单次可携带10kg货物，超过60L的大容积货仓使该机型能够满足多场景的配送任务。其平均飞行速度高达50km/h，一次充电下最长可飞行20km，最大使用海拔5 000m，内置机载视觉项目、毫米波雷达项目和RTK项目，使降落精度可达到"厘米级"。

"无人物流"呼唤综合性物流人才。企业对物流人才的需求将会从基础性岗位向技术性岗位转移，智能化装备的操作、维护与保养，无人化作业的组织实施，智慧物流的运行管理等方面将会产生更多的岗位需求，需要加强实践操作能力、技术创新与应用能力、协同与合作能力、大数据思维等综合素质的培养。

作业与练习

一、单项选择题

1. 自动化仓库、AGV（自动导引车）、智能分拣系统等设备的应用对物流行业的主要影响是（　　）。
   A. 降低作业效率　　　　　　　　B. 降低工作精确度
   C. 提升作业效率和精确度　　　　D. 增加员工培训难度

2. 智慧物流向绿色、低碳方向发展的措施不包括（　　）。
   A. 优化运输路线以减少碳排放　　B. 使用一次性塑料包装材料
   C. 推广使用电动或氢能运输工具　D. 采用环保包装材料

3. 在信息标准化挑战中，（　　）增加了系统整合复杂性和技术改造成本。
   A. 标准多样化　　　　　　　　　B. 法规与政策完善
   C. 国际接轨容易　　　　　　　　D. 技术兼容性好

4. 在（　　）方面，无人机、无人仓、地狼、天狼、分拣AGV、机械臂等高技术物流设备已得到初步发展应用。
   A. 智慧仓储　　B. 流通加工　　C. 配送运输　　D. 信息处理

5. 冷链技术、物流天眼、刷脸智能柜、AI机器人、语音助手等新技术正在不断助力（　　）的发展。
   A. 现代物流　　B. 供应链物流　　C. 传统物流　　D. 智慧物流

二、判断题

1. 目前智慧物流已经处于成熟阶段，发展空间有限。（　　）
2. 政府应通过财政支持政策，对智慧物流技术人才培训提供资金和政策支持，加快智慧物流技术人才的培养。（　　）
3. 智慧物流技术在地域和企业规模上的应用存在显著差异，导致物流效率与服务质量的不一致性。（　　）
4. 在物流行业中，人才结构呈"金字塔"形，顶层物流管理人才稀缺，基层物流环节工作人员多，但专业能力和综合素质普遍不高。（　　）
5. 智慧物流就是智能物流。（　　）

三、技能训练题

1. 智慧物流存在的问题主要有哪些？如何解决？
2. 结合某一具体物流企业或职业院校产教融合实例，总结智慧物流人才培养的方法和路径，撰写一篇调研报告，提出对智慧物流人才培养的建议。

任务三　知晓智慧物流发展趋势

任务描述

智慧物流行业如何发展？近年来，我国智慧物流快速发展，已成为推进物流业高质量发展的重要动力和路径。《"十四五"现代流通体系建设规划》提出，加快发展智慧物流，积极应用现代信息技术和智能装备，提升物流自动化、无人化、智能化水平。智慧物流主要通过智能软硬件、物联网、大数据等智慧化技术手段，实现物流各环节精细化、动态化、可视化管理，提高物流系统智能化分析决策和自动化操作执行能力，从而提升物流运作效率。

面对物流行业快速变化的挑战，本次学习注重培养学生的全局视角和创新思维。同学们在了解智慧物流的前沿技术、创新模式的基础上，将学会从更广阔的角度审视物流行业的发展，从而更加准确地把握行业趋势和机遇，洞悉智慧物流的当前发展态势。

知识准备

知识点1：智慧物流技术应用现状

我们已经解析了智慧物流的发展现状，这里将重点探讨智慧物流的技术应用层面，特别是智慧仓储、智能配送和物联网技术，它们是推动物流行业转型升级的关键因素，借助高度集成的信息技术和自动化设备，实现物流运作的高效、精准与透明化。下面对这三个层面进行介绍，见表1-7，以便于理解智慧物流发展趋势。

表1-7　智慧物流技术应用简介

智慧物流技术应用	特点	说明
智慧仓储	技术应用广泛	物联网技术被广泛应用，实现库存的实时追踪与精准管理。同时，自动化立体仓库、自动导引车、机器人拣选系统等硬件设备与先进的仓储管理系统相结合，提升了存储效率和作业精度
	智能化管理系统	智能仓储管理系统成为行业趋势，利用人工智能、大数据分析优化库存布局、预测需求、智能调度资源，有效降低运营成本，提高响应速度和客户满意度
	集成化平台	云仓储平台的普及实现了多仓库、跨地域的集中管理和远程监控，促进供应链上下游的信息共享和协同作业，增强了物流网络的灵活性和可见性
	效率的改善	智慧仓储通过自动化和智能化减少约70%的占地面积及高达80%的人工成本，同时提高作业效率和准确性，最大化利用资源

（续）

智慧物流技术应用	特点	说明
智能配送	自动化与无人配送	无人机配送和自动驾驶车辆在特定场景下的应用日益增多，尤其是在偏远地区、紧急物资配送及城市"最后一公里"配送中
	智能路径规划与调度	利用大数据和人工智能算法，物流平台能够实时分析交通状况、天气变化和订单需求，动态优化配送路径和调度策略，从而提高配送效率并减少延误
	物联网技术的整合	通过物联网技术实现对配送车辆、货物的实时监控和追踪，提高物流透明度，并为预防性维护、温度控制等提供了数据支持
物联网技术	技术高速发展	正向更高智能化、低功耗、广覆盖和强安全方向发展，低功耗广域网技术使远程、低速、大量连接的设备管理成为可能
	应用领域多样化	物联网技术已深入多个领域，包括智能家居、智能城市、智能交通、工业自动化、医疗健康等
	市场规模持续扩大	全球物联网市场规模预计将持续快速增长，预计到2025年将达到3.5万亿美元
	数据安全与标准化	行业内外正在努力加强数据加密、隐私保护机制，推动国际标准化进程

> **小案例**
>
> 物流过程智能管理
>
> 　　基于卫星导航定位技术、RFID技术和传感技术等，在物流过程中通过车辆定位、运输货物监控，达到在线开展调度、配送可视化与管理的目的。当前在食品冷链运输中可实现车辆定位与食品温度实时监控，如运输海鲜幼苗，即可实时监控舱内温度、湿度以及氧气浓度等，并能根据幼苗特性发出温度调控、通风等指令，初步实现了物流作业的透明化、可视化管理。近年来，我国对危化运输车辆提出了更高的管控要求，即对货物种类、理化指标以及过程温度、湿度、静电等指标进行智能监控，以求安全、高效。
>
> 京东无人智慧配送站
>
> 　　京东自主研发的全球首个无人智慧配送站，可以实现真正的全程无人配送中转。无人机将货物送到无人智慧配送站顶部，并自动卸下货物。货物将在配送站内部实现自动中转分发，从入库、包装到分拣、装车，全程均由机器人操作，最后再由配送机器人完成配送。

知识点 2：智慧物流发展趋势

　　智慧物流是未来物流行业发展的重要趋势。智慧物流未来将通过应用各种新兴技术，实现对货物运输过程中各个环节的全面优化和升级，提高物流效率和服务水平。但同时也面临着技术成本高、人才缺乏、安全风险大等挑战。因此，需要各方共同努力，推动智慧物流的健康发展。这里主要从技术应用层面重点对智慧仓储、人工智能技术、无人机配送、区块链技术进行介绍，见表1-8，这也是智慧物流未来的发展趋势。

表1-8　智慧物流发展趋势

智慧物流技术应用		发展趋势
智慧仓储		智慧仓储正朝着更加个性化、定制化的解决方案发展，强调与企业管理系统、供应链管理（SCM）系统等的深度集成，以及绿色、可持续仓储方案的探索。同时，随着5G、边缘计算等新技术的应用，将进一步提升仓储系统的实时响应能力和决策智能化水平
人工智能技术	智能化决策与优化	利用先进的机器学习算法，物流系统能进行更精准的需求预测、库存管理、运输路线优化和动态定价，实现供应链的整体智能化决策
	自动化物流作业	自动化仓库、无人叉车、自动分拣系统等设备的应用，无人车/机的逐步成熟，将进一步减少人工依赖，提高作业效率和安全性
	智能物流网络	借助物联网技术，实现资产的实时追踪与智能调度，构建起高度灵活、响应迅速的智能物流网络，提升供应链的透明度和协同效率
	图像识别与视频监控	在仓储管理和运输监控中，图像识别技术能自动识别货物、监控库存状态，预防错误和损失，同时视频分析能及时发现异常情况，提高安全管理水平
	智能客服与语音交互	基于自然语言处理和语音识别技术的智能客服系统，能够提供24小时服务，有效提升客户咨询与投诉处理的效率和质量
无人机配送	技术进步、性能提升	无人机的载重能力、续航时间、飞行稳定性持续增强，能在复杂环境中运行；并集成高级AI算法实现更高效的路径规划、智能避障、自动装卸货以及与地面设施的无缝对接，提高整体配送效率
	应用场景多样化	除了传统的包裹配送，无人机物流的应用范围正向农业植保、紧急救援、医疗物资运输、环境监测等更多领域扩展
	政策法规完善	政府和监管机构正制定和完善相关政策法规，为无人机配送提供法律框架，包括飞行许可、空域管理、安全标准等
	集成化物流解决方案	无人机配送将作为综合物流体系的一部分，与自动化仓库、智能车队管理系统等相结合，形成完整的智慧物流生态系统，提供端到端的解决方案
	安全性和隐私保护	无人机配送将集成更高级别的安全防护措施，包括防止黑客攻击、保障空中交通安全以及保护用户数据隐私，增强公众信任
区块链技术	物联网与区块链的融合	结合物联网设备的实时数据采集能力与区块链的数据不可篡改性，将实现物流资产的智能化管理，从货物监控、温度控制到自动调度，全面提升物流效率和安全性
	整合与标准化	推动技术标准和协议的制定，促进不同区块链平台间的互操作性，实现供应链上下游企业的整合，提高整个物流生态系统的协同效率
	法律与监管的完善	随着区块链应用的深入，预期会有更多国家和地区出台相应的法律法规，明确区块链在物流行业的应用边界、数据隐私保护和跨境数据流动规则，为技术的健康发展奠定基础
	人工智能与区块链的协同	结合AI的预测分析能力和区块链的数据可信度，物流行业将能够做出更加精准的决策，优化库存管理、需求预测和运输路径规划，实现更高层次的智能化运营

> **📖 小案例**
>
> **人工智能在智慧物流的应用**
>
> 通过人工智能对实际情况的分析计算,能够规划出正确的物流路径,缩减物资的配送以及时间成本,突破传统人工操作的局限性,大幅提升物流行业的安全性与运行效率。目前,我国要求载重货车安装北斗定位装置,通过传感器将物流信息实时汇入数据库,实现"物流在线化",从而推动智慧物流与人工智能服务的全面开展。据悉,国内快递头部企业2022年3月份批量购置匹配LDW(车道偏离预警系统)、FCW(前碰撞预警系统)、AEBS(防追尾紧急制动系统)、ESC(车身稳定控制系统)、ACC(自适应巡航系统)、HAS(坡道辅助系统)以及EBS(主动刹车系统)等先进智能装置的车辆,在降低驾驶员劳动强度的同时,大幅提升了车辆的安全性与运行效率。
>
> **苏宁"超级云仓"智慧物流**
>
> 苏宁"超级云仓"凭借其高密度存储系统、SCS货到人拣选技术及高速交叉分拣系统等国内领先的智能化设施,日处理包裹数可达到181万件。在新一代无人仓,包裹从下单、拣选、打包、贴标到出库,全流程仅需20min;无人机、"SG卧龙一号"无人配送车等科技产品让物流配送工作效率最大化。
>
> **无人驾驶重卡开进洋山港**
>
> 从上海深水港物流园出发,经东海大桥到洋山码头,来回72km的物流环线,涵盖普通道路、高速公路、桥梁、码头、堆场、夜间大交通流量等复杂场景。融合AI、5G、V2X(车联通信)等先进技术的上汽智能重卡,成功实现了在港区特定场景下的L4级自动驾驶、厘米级定位、精确停车、与自动化港机设备交互以及东海大桥队列行驶,可为港口运输客户提供更加智能、安全、高效、环保的集装箱转运方案。

📐 任务实施

任务单见表1-9。

表1-9 任务单

任务:调研物流企业 开展物流行业展望	
任务目的	学生在了解智慧物流相关知识的基础上,不仅能够获得关于物流行业的直接认知和未来展望,还能建立行业联系、了解不同岗位的需求和职业路径,为个人职业规划提供依据。同时,通过调研活动,提升学生的沟通能力、团队合作能力、数据分析能力、报告撰写能力及社会责任意识
任务组织	根据班级人数将学生分成若干小组,3~4位同学为一组,每组选一名组长,各组在组长的带领下进行企业调研,探索智慧物流的发展趋势,根据智慧物流发展趋势为企业提供合理的发展建议,形成调查报告,并进行汇报展示

（续）

任务环节	核心要点
教师介绍本任务的内容、要求及注意事项	（1）提前与目标物流企业取得联系，说明调研目的、内容和预期成果，争取企业的支持与配合 （2）调查准备工作，包括调研日程、交通安排、安全措施
学生实施调查研究、总结发言交流	（1）明确调研的核心目标，并围绕这些主题制定调研提纲 （2）调查过程。①现场参观，了解物流设施、作业流程、技术应用等；②深度访谈，与企业高层、技术人员、一线员工等进行面对面或线上访谈，收集信息和观点 （3）数据整理与分析。①整理资料，包括访谈记录、问卷数据、照片、视频等；②分析资料，找出关键发现和趋势 （4）报告撰写与成果汇报。报告包括行业现状、存在问题、发展趋势、改进建议等；各小组可以PPT、视频、口头报告等形式展示成果
小组互评	（1）可以邀请企业代表、行业专家线上参与评论 （2）其他组同学可进行提问并点评
教师点评	（1）调研质量。调查目标是否明确、信息来源是否可靠、涵盖的调查内容是否全面、是否展示了对物流行业的了解，特别是在技术创新方面的探讨 （2）问题与对策的一致性。识别的问题是否与提出的解决方案相匹配 （3）行业趋势的理解。对未来的物流发展趋势有无预测
教师总结	通过学习研究，鼓励学生继续关注物流行业动态，建立长期学习和研究的兴趣小组。学生不仅进一步了解了智慧物流的发展趋势，还对智慧物流未来的发展充满了无限的遐想和期待。可以将调研报告和重要发现通过校内外媒体、学术期刊或行业会议等渠道发布，扩大影响力

考核要求：本任务的考核主要以小组为单位进行，采用小组自评、互评、企业导师评价和教师评价相结合的方式，考核的主要内容有小组成员调查计划书的制定、调查的组织与实施、成果展示与反馈、反思与总结、团队协作等。根据各小组的表现，评选出优秀小组和最佳发言人。最后将本任务的相关材料归档

任务评价

任务评价表见表1-10。

表1-10 "调研物流企业 开展物流行业展望"的任务评价表

评价项目	分值	评价标准	自评（20%）	他评（30%）	师评（50%）	实际得分
调查准备阶段	10	考察调查计划的创新性、针对性和可行性，是否清晰阐述了调研目的、问题、方法、预期成果等				
	10	评估团队分工合理性、前期资料收集的充分性				
调查过程	30	评估调查过程中参与人员的积极性、主动性及团队合作精神，以及他们的守时性与遵守企业规定的情况；考察数据收集及调研日志或笔记的质量				
分析与调查报告	30	评估数据分析能力及报告的结构和逻辑性，是否提出了有建设性的建议				
汇报展示	20	评估汇报时的语言表达能力、对问题的应答能力及与观众互动的效果				
合计						

拓展阅读

菜鸟E.T.物流实验室

E.T.物流实验室由菜鸟网络于2015年年底组建，目标是研发物流前沿科技产品，追求符合未来科技发展的物流生产方式。

E.T.物流实验室的成员包括一批来自全球顶尖高校、科研机构的博士。此外，阿里巴巴招揽多位全球高级科学家在西雅图、北京、杭州多个城市组建团队，数据科学与技术研究院（IDST）也在为该实验室提供支持，这也是实验室能在短期内实现多项技术突破的关键之一。

E.T.物流实验室目前已在多个关键技术领域取得突破，末端配送机器人、仓内复杂拣货机器人矩阵、无人送货机等创新产品陆续在菜鸟物流业务中投入使用。E.T.物流实验室"黑科技"主要包括以下内容。

（1）菜鸟小G。菜鸟网络自主研发的末端配送机器人小G，不仅是我国自主研发的机器人，也是全球物流行业最先进的机器人之一。菜鸟小G主要采用激光与视觉并行的SLAM方案，通过深度学习，识别环境中的行人、车辆等不同的实体，运用自适应粒子滤波算法，对动态实体进行准确的轨迹预测，有效解决最后一公里配送问题。

（2）菜鸟小G Plus。菜鸟小G Plus具备车辆结构，适合在室外长距离运行。与菜鸟小G相比，菜鸟小G Plus的载重和容量更大，续航里程更长。

（3）菜鸟小G 2代。菜鸟小G 2代是菜鸟小G的升级版，是一种更智能的末端配送机器人。

（4）菜鸟AR+。菜鸟网络借助增强现实（Augmented Reality，AR）技术助力物流服务流程，实现仓内智能拣选、智能导航等功能，让未来仓库各种操作不仅变得可视化，而且可以有效解放工作人员的双手，提升工作效率与愉悦度。

（5）菜鸟小鹭。菜鸟小鹭是菜鸟E.T.物流实验室自主开发的第一款适用于园区安防巡检的无人机安防系统，能够稳健快速地完成园区智能巡检安防任务。

作业与练习

一、单项选择题

1. （　　）是指利用RFID、传感器等技术实现对货物存储、管理和运输过程进行全面监控和管理。

　　A. 智慧物流　　　B. 智能配送　　　C. 人工智能　　　D. 智慧仓储

2. (　　) 主要通过路线规划算法、自动化设备等手段实现对配送过程的优化管理。

　　A. 智慧物流　　B. 智能配送　　C. 人工智能　　D. 智慧仓储

3. (　　) 通过深度学习、自然语言处理等技术，可以实现对大量数据的分析和应用，提高物流效率和服务水平。

　　A. 智慧物流　　B. 智能配送　　C. 人工智能技术　　D. 智慧仓储

4. 人工智能技术在智能物流中的应用不包括(　　)。

　　A. 路线优化　　B. 需求预测　　C. 自动分拣技术　　D. 包装设计

5. 在物流行业中，利用区块链技术可以有效解决(　　)等问题。

　　A. 货物丢失或损坏的责任界定　　B. 跨境支付的延迟
　　C. 客户服务响应速度慢　　D. 包装设计不合理

二、判断题

1. 目前，我国物流企业还未开始应用智慧仓储技术，未来将有很大的发展空间。(　　)

2. 智能配送主要通过路线规划算法、自动化设备等手段实现对配送过程的优化管理。(　　)

3. 互联网是指通过各种传感器和设备将不同领域中的数据进行连接和共享，并通过云计算等方式实现数据的分析和应用。(　　)

4. 无人机配送可以实现快速、便捷、低成本的货物运输，适用于城市快递、紧急救援等场景。(　　)

5. 在物流领域，物联网技术可以实现对货物的实时监控、追踪和管理，提高物流效率和服务质量。(　　)

三、技能训练题

1. 描述智慧物流的发展趋势。

2. 根据智慧物流发展趋势为具体的行业或企业提供合理的发展建议，撰写一篇企业发展规划报告。

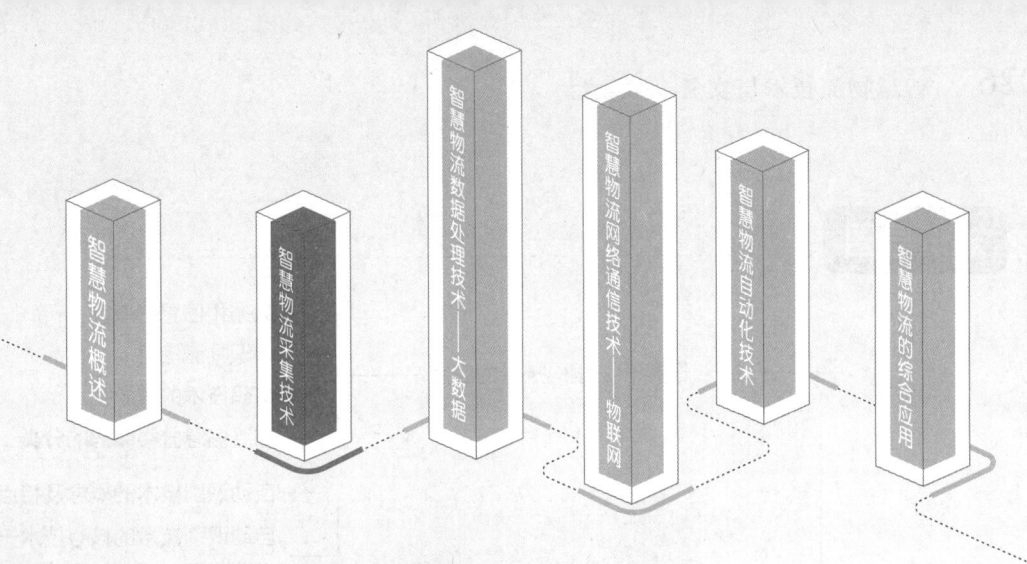

智慧物流概述　智慧物流采集技术　智慧物流数据处理技术——大数据　智慧物流网络通信技术——物联网　智慧物流自动化技术　智慧物流的综合应用

项目二
智慧物流采集技术

项目概述

　　物流业是国民经济的血脉系统，在畅通物资周转、促进资源要素流通、优化产业空间、提升消费品质等方面意义重大。而信息网络是现代物流的核心，当仓储物流设备由机械化、人工化进入自动化阶段时，如何处理设备与系统的连接及实物与信息的对应成为软件系统需要解决的问题。这就是采用自动识别与数据采集（AIDC）技术的必要性。自动识别与数据采集技术主要解决的问题是实物与信息之间的匹配关系，可以把实物的运输、仓储过程即时反映到信息网络环境中，使操作者能够快速了解物流的全部环节，尤其是在途的情况，提升物流过程的作业效率及货物数量的准确性。

学习目标

知识目标

- 知晓物流信息编码的分类。
- 了解无线射频识别（RFID）技术的特点及组成。
- 知晓物流检测技术的种类。
- 掌握自动识别技术、追踪定位的几种核心技术。

能力目标

- 能够将物流信息进行正确分类。
- 能够熟练、正确地运用 RFID 进行出入库操作。
- 能够为物流企业设计并优化货物检测流程，以实现货物跟踪与管理。
- 能够依据跟踪定位技术的特点分析其在不同场景中的应用效果。

素养目标

- 树立自主创新意识，增强民族自豪感。
- 培养主动学习和解决问题的能力，树立规范化操作意识，增强实践经验和团队协作技巧。

知识导图

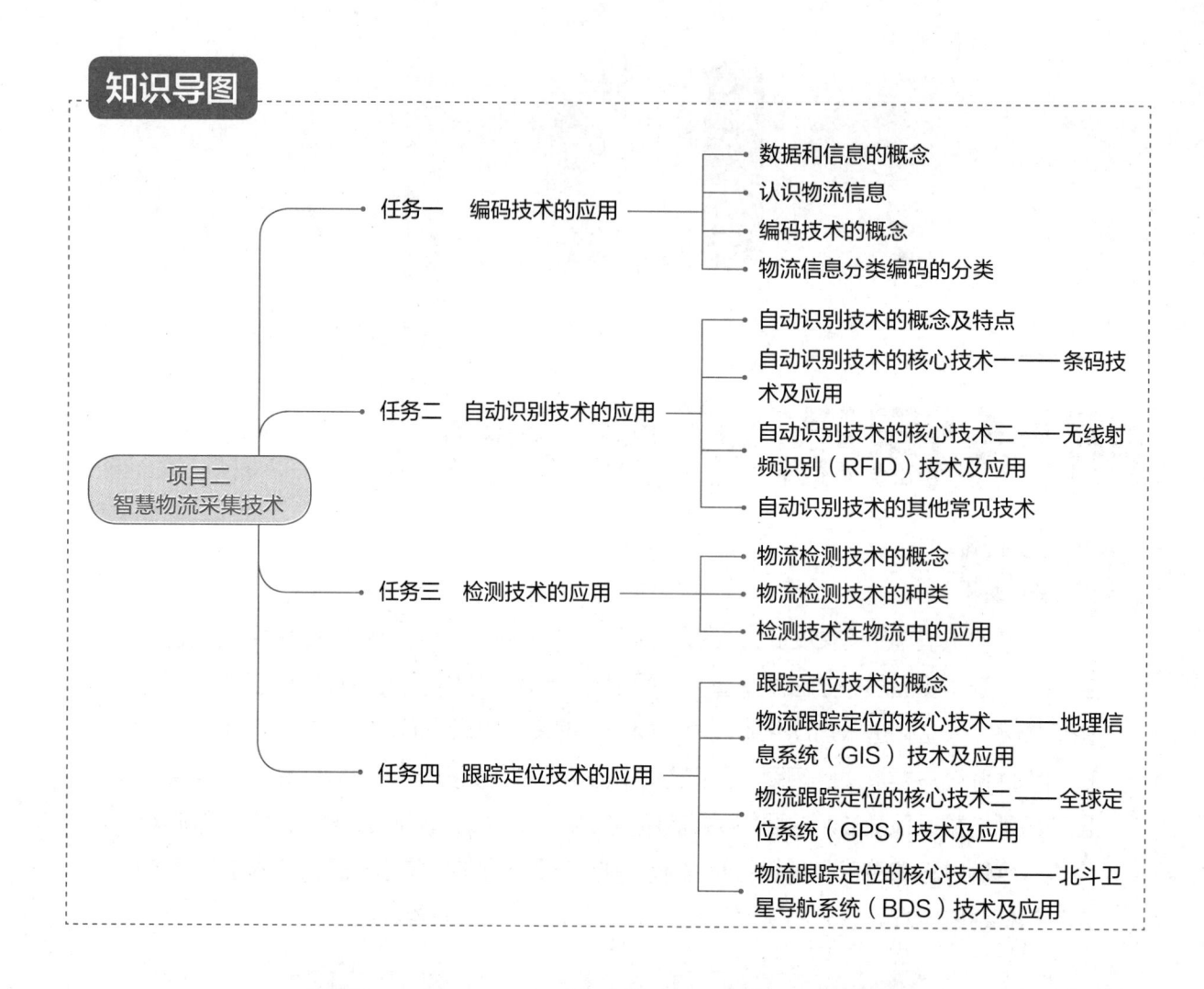

项目二 智慧物流采集技术
- 任务一　编码技术的应用
  - 数据和信息的概念
  - 认识物流信息
  - 编码技术的概念
  - 物流信息分类编码的分类
- 任务二　自动识别技术的应用
  - 自动识别技术的概念及特点
  - 自动识别技术的核心技术一——条码技术及应用
  - 自动识别技术的核心技术二——无线射频识别（RFID）技术及应用
  - 自动识别技术的其他常见技术
- 任务三　检测技术的应用
  - 物流检测技术的概念
  - 物流检测技术的种类
  - 检测技术在物流中的应用
- 任务四　跟踪定位技术的应用
  - 跟踪定位技术的概念
  - 物流跟踪定位的核心技术一——地理信息系统（GIS）技术及应用
  - 物流跟踪定位的核心技术二——全球定位系统（GPS）技术及应用
  - 物流跟踪定位的核心技术三——北斗卫星导航系统（BDS）技术及应用

▷ 任务一　编码技术的应用

● 任务描述

物流业、仓储业的迅猛发展，不仅彰显了社会经济的进步和活力，也体现了信息技术与网络技术的深度融合。但商品标识缺乏一致性、物流单元化程度与物流载具应用率不高、供应链自动化和标准化水平低等问题，成为物流供应链各环节高效运作的绊脚石。产品生产商和物流服务供应商在完善管理体系和编码标准方面做出了努力，但在确保供应链整体信息无缝对接与协作方面仍存在不足。为了实现供应链信息的共享与交互，推动行业标准化进程，制定并实施全球或全国范围内的统一商品编码规则、建立统一的商品标识体系、强化供应链自动化与标准化建设、构建全链条的信息共享平台势在必行。

本次学习任务旨在通过了解某物流公司各类编码在物流各环节的具体运用，使同学们可以更深入地理解物流编码体系，并总结编码标准化在物流行业中的重要作用。

知识准备

随着经济全球化的快速推进和电子商务的蓬勃发展，物流行业面临着前所未有的挑战和机遇。为了应对业务量的快速增长和客户的个性化需求，已经有越来越多的物流公司开始引入智能编码系统。该系统基于先进的算法和数据分析技术，为每件货物赋予唯一的编码，能够自动识别货物类型、生产地、目的地、运输方式等关键信息。通过该系统的应用，物流企业实现了自动化、智能化的方式对货物进行编码、分类和追踪，极大地提高了物流运作效率、减少了人为错误，并提升了客户满意度。

知识点1：数据和信息的概念

1. 数据

数据是对客观事物的反映，是未经加工的原始素材，包括数字、文字、符号、声音、图像等。比如，汽车行驶的速度为80km/h；人的正常体温是36.3～37.2℃。

2. 信息

信息是经过加工的数据，通过对数据进行解释、运用等，能够从中获取有用的信息。只有当数据对实体行为产生影响时，才被视为信息。

> **小知识**
>
> 信息与数据相互联系、密不可分。数据是反映客观事物属性的记录，而信息则是数据经过加工处理后的结果。信息转化为数字化的形式才能存储和传输。

数据和信息关系示意图见图2-1。

客观世界 —收集→ 数据 —加工→ 信息

图2-1　数据和信息关系示意图

知识点2：认识物流信息

1. 物流信息的概念

物流信息是反映物流各种活动内容的知识、资料、图像、数据、文件的总称。它伴随着物流和商流的产生而产生，经过采集、处理、传播，形成信息流，引导和调节物流的数量、方向、速度，使物流按照既定的目标和方向准确运作。

2. 物流信息的特点

物流信息因其与物流活动的密切关系而具有如下显著特点，具体内容见表2-1。

表2-1 物流信息的特点

特点	说明
信息量大	物流活动涵盖运输、仓储、装卸、搬运、包装、流通加工、配送等环节，每个环节都会生成大量的数据和信息
种类繁多	物流信息包括货物状态信息（如数量、重量、体积、位置等）、订单信息、运输状态信息、库存信息、成本信息、市场需求预测信息等
动态性强	物流活动是连续不断的，物流信息随着物流活动的进行不断产生和更新
时效性强	物流信息必须能够在需要时快速获取并及时更新，如实时追踪货物位置、调整运输计划等
标准化程度高	为了实现不同系统间的数据交换和共享，物流信息需要遵循一定的标准和规范。例如，商品编码、运输单证、EDI信息等，都应遵循国家或国际标准
分布广泛	物流信息源遍布供应链的各个节点，从供应商到制造商、分销商、零售商直至最终消费者，这些信息可能在全球各地产生和交换
集成性要求高	物流信息需要通过信息技术进行整合，形成综合、跨部门、跨地域的信息流，以实现有效管理和决策

3. 物流信息标准化

物流信息标准化是指在物流行业中，为了实现物流信息的有效传递、处理、共享和利用，制定并实施一系列关于物流信息的统一规范和标准的过程。这一过程涵盖多个层面，主要内容见表2-2。

表2-2 物流信息标准化的内容

内容	说明
物流术语标准化	是指对物流行业中出现的各种专业名词、术语、概念及其定义进行统一、明确和规范的过程，以消除不同地区、企业和组织在表述物流活动时可能出现的理解差异
数据结构和格式标准化	确定物流信息数据的结构、格式、字段定义等，如货运单据、订单信息、库存状态报告等文档的标准化模板
编码系统标准化	是指对各类数据进行统一编码规范，以确保数据一致性、可查询性和可维护性，确保商品和物流单元在全球范围内具有唯一可识别性
通信协议和接口标准化	通过制定物流信息系统之间的数据交换格式和通信协议，实现不同信息系统之间无障碍的数据流转
物流设施和设备标准化	通过制定物流设施的建设标准、物流设备的规格参数、物流载具的设计标准等，确保物流硬件设施的兼容性和互换性
信息服务平台和数据库标准化	构建物流公共信息服务平台，制定统一的数据接入、存储、检索、更新的标准，实现物流信息资源的共享和互联互通
业务流程和操作规程标准化	规范物流活动中各项业务的操作流程和信息记录标准

> **小知识**
>
> 物流信息标准化是现代供应链管理的基础，有助于物流活动在数字化、网络化的环境中实现智能化升级，使预测需求、多方合作达到前所未有的精细化和敏捷化程度，同时也是支撑电子商务、智能物流、跨境物流等领域发展的关键技术基础。

知识点 3：编码技术的概念

编码技术是一种用于描述数据特性的信息技术，能够为不同物品分配唯一的识别码。

1. 商品编码

商品编码是对商品进行统一标识的一种方法，包含产品类别、品牌、规格、型号等信息。国际通用的商品编码体系有商品条码（EAN/UPC）、GS1编码系统、海关协调制度编码（HS编码）等。

2. 物流编码

物流编码是指在物流过程中对货物、包装、运输工具、物流节点等进行标识的一套编码体系，旨在实现物流信息的自动识别和数据交换。它可以是基于地理位置的编码，也可以是基于业务流程的编码。通过物流编码可以追踪货物从生产地到消费地的全过程，实现物流信息的实时更新与传递。

> **小知识**
>
> 物流编码旨在明确标识物流过程中物品的特性。在智能物流系统中，其功能不仅限于识别物品，还包括识别各种物流单元，如包装箱、托盘、周转箱、集装箱等。

3. 企业管理编码

企业在内部管理中也会使用编码技术，如物料编码、客户编码、供应商编码、员工编码等。这些编码可以帮助企业构建统一的标准信息管理体系，方便数据的录入、查询、分析和决策支持，有利于提高企业资源计划（Enterprise Resource Planning，ERP）、供应链管理（SCM）和其他信息系统的工作效率和精准度。

知识点 4：物流信息分类编码的分类

物流信息分类编码是将大量的物流信息进行合理的统一分类，用代码加以表示。这些代码内容的设计与标准化有助于物流信息的准确记录、高效管理和快速查询，进而提高物流效率和客户满意度。同时，物流信息分类编码也为数据的分析和应用提供了基础，有助于物流企业优化运营策略和决策。物流信息分类编码的具体分类见表2-3。

表2-3 物流信息分类编码的具体分类

类型	定义
物流环节分类编码	根据物流运输的环节将物流信息进行编码，如采购、生产、包装、运输、仓储、配送等
物流设施设备分类编码	根据物流设施设备类型将物流信息进行分类，如仓库编码、运输车辆编码、装卸设备编码等

（续）

类型	定义
物流作业节点分类编码	根据物流网络中各物流线路交汇的节点位置对物流信息进行分类，如港口码头、火车货运站、公路枢纽、现代物流（配送）中心等关键节点的代码等
度量信息编码	根据物流信息的规格特征进行编码，如货物重量、体积、尺寸等
位置分类编码	为仓库储位、货架、运输路线、目的地等地理位置或空间位置设置编码，便于库存管理和追踪物流流向
时间分类编码	根据物流信息发生的时间，如下单时间、发货时间、到达时间、出库日期等进行编码，方便统计分析和决策支持
物流单证分类编码	根据物流过程中使用的所有单据、票据、凭证进行编码，如提单、运单、装箱单等各类单据的标准化编码

> **小知识**
>
> 在我国，《物流信息分类与代码》（GB/T 23831—2009）等国家标准为物流信息的分类编码提供了规范指导，旨在推动物流信息化建设，实现物流信息的规范化、标准化和有效传递。

任务实施

任务单见表2-4。

表2-4　任务单

任务：探寻物流编码技术的实践与应用		
任务目的	使学生理解物流编码的基本概念和分类；通过调研，归纳各类编码在供应链各环节（采购、仓储、运输、销售）的具体应用方式和优势；同时，在合作过程中体验团队合作的快乐，感悟发现问题、分析问题、解决问题的思维流程	
任务组织	根据班级人数将学生分成若干小组，3～4位同学为一组，每组选一名组长，各组在组长的带领下通过查找资料开展调研，制作"探寻物流编码技术的实践与应用"PPT并进行汇报	
任务流程	任务环节	核心要点
	教师介绍本任务的内容、要求及注意事项	（1）阅读相关文献资料，了解物流编码的基本原理和重要性 （2）阅读国内外关于物流编码技术的研究成果、行业标准，理解编码体系的发展趋势和技术进步 （3）收集并分析不同行业中物流编码的实际应用案例，阐述编码在提高物流效率、降低成本、追踪追溯等方面的作用
	学生开展活动、制作完成PPT，汇报交流	（1）在小组内部进行角色分配，确保每个成员都有明确的责任和任务 （2）开展资料搜集、信息整合、设计制作PPT并展示汇报
	教师点评	（1）学生是否对知识进行总结归纳，是否形成物流编码知识框架 （2）学生有无前沿意识，是否关注到行业的新发展 （3）小组分工、团队协作、语言表达等方面

（续）

任务流程	任务环节	核心要点
任务流程	教师总结	（1）引导学生总结本次学习任务的心得体会，鼓励学生反思企业在编码设计中的关键决策节点和可能遇到的问题 （2）通过完成这项学习任务，学生不仅可以了解物流编码技术的基础知识，还将提升对物流信息系统运作的理解和实操能力
考核要求	本任务的考核主要以小组为单位进行，考核的主要内容包括小组成员的协同合作能力、发言内容的全面性和质量、语言的专业性与通俗性、理论知识与物流编码实际应用的结合度等。根据各小组的表现，评选出优秀小组和最佳发言人。最后将本任务的相关材料归档	

任务评价

任务评价表见表2-5。

表2-5 "探寻物流编码技术的实践与应用"任务评价表

评价项目	分值	评价标准	自评（20%）	他评（30%）	师评（50%）	实际得分
编码技术分析	10	掌握物流编码技术的基本概念				
编码技术分析	15	知晓物流信息分类编码的分类				
编码技术分析	25	能够归纳各类编码在供应链各环节的具体应用方式				
演讲与表达能力	10	信息收集准确，图片展示清晰				
演讲与表达能力	20	能够清晰、完整地展示PPT并回答问题				
PPT制作	20	PPT布局清晰，层次分明，能够有效利用图表、图像和其他视觉元素来增强信息的传达效果				
合计						

拓展阅读

统一编码畅通数字经济"动脉"

党的二十大报告提出，加快发展数字经济，促进数字经济和实体经济深度融合。物品编码作为数字经济的基础，从一维条码到二维条码不断变迁。伴随着我国国民经济不断发展，物品编码贯穿国民消费习惯升级、企业数字化管理与采购、智慧物流等数字化全过程，其创新应用及发展正不断夯实数字经济的基石。

数字经济发展给人类社会发展带来了新机遇，也为物品编码工作带来了新挑战，提出了新要求。当前，物品编码创新应用正不断推动数字经济与实体经济深度融合，统一的物品编码应用可贯通物资全生命周期管理，提升管理效率。

统一编码为推进企业商品数据网络的改造与升级提供了坚实的数字化基础。我国基于全球统一的GS1编码而建立的商品数据库已有超过2亿条商品信息，与全球30多个数据库互联互通，可实现"源头赋码、全程使用",促进商贸高效流通,畅通数字经济"动脉"。

作业与练习

一、单项选择题

1. 数据是（　　）。
   A. 对客观事物的认识　　B. 对客观事物的记录
   C. 文字　　D. 数字

2. 下面（　　）不是物流信息的特征。
   A. 信息量大　　B. 更新快　　C. 来源多样化　　D. 单向流动

3. 计算机之间能够互通信息是因为（　　）。
   A. 有电缆相连　　B. 计算机相同　　C. 软件系统一样　　D. 用网络连接

4. 下列（　　）属于典型的物流信息。
   A. 客户关系管理　　B. 运输信息
   C. 公文管理信息　　D. 财务管理信息

5. 物流编码的主要作用是（　　）。
   A. 减少货物的重量　　B. 实现物流信息的自动识别和数据交换
   C. 改变货物的物理形态　　D. 延长货物的保质期

二、判断题

1. 数据和信息没有区别。（　　）
2. 物流信息是物流活动的内容、形式和过程发展变化的反映。（　　）
3. 物流信息包含企业内部的物流信息,不包含企业外的物流信息和基础设施的信息。（　　）
4. 物流信息标准化相当于对物流环节涉及的所有信息进行系统性的规范和整合。（　　）
5. 设计物流信息分类编码时,只需确保编码唯一性,无须考虑与行业标准的兼容性。（　　）

三、技能训练题

1. 简述物流信息分类编码的内容。
2. 请设计一种适用于仓库内部货品存储位置的编码方案,要求方案中包含区域、货架编号、货架层数和具体位置四个关键信息,并给出一个编码实例。

任务二　自动识别技术的应用

任务描述

随着社会进入智能化、信息化时代，信息的获取量和获取方式发生了巨大的改变。传统的数据采集需要手工进行输入，不仅效率低而且易出错。自动识别技术作为推动物流行业迈向智能物流时代的关键驱动力之一，已经成功取代了过去烦琐复杂且易出错的传统数据输入方式。这一转变不仅显著提升了物流作业效率，还为实现物流全流程的精准化、透明化管理奠定了坚实基础。

本次学习任务主要围绕自动识别技术的基本概念、特点、应用以及实际操作技能的培养等方面展开。通过模拟实验或实际项目操作，熟悉RFID系统的组成和工作流程，掌握RFID标签的读写操作和数据处理方法。具体到物流公司的仓库运营实践中，为了确保存放商品的安全性，你该如何利用自动识别技术完成出入库业务呢？

知识准备

知识点1：自动识别技术的概念及特点

1. 自动识别技术的概念

自动识别技术是一种数据采集技术，它利用特定的识别装置，对字符、图像、声音等记录数据的载体进行自动识别和标识，自动获取其相关信息，并实时提供给后台计算机处理系统来完成一系列特定的操作。目前，自动识别技术通过对所有实体对象（物流单元、集装箱、零售商品等）进行有效识别，在智能仓储、智能运输、生产管理、零售等领域有了越来越广泛的应用。

2. 自动识别技术的特点

（1）准确性。基于先进的算法和设备，自动识别技术能够准确地读取、识别并记录各种信息。该技术可避免因人为疲劳、失误产生的错误，提高数据采集和处理的准确度。

（2）高效性。该技术的高效性主要体现在能够实时进行信息交换和处理，将采集的信息实时传输到计算机系统中实现自动化处理和分析。可以帮助物流企业优化库存管理、提高物流效率，实现高效的运营管理。

（3）兼容性。以计算机技术为基础，自动识别技术可以与各种信息管理系统无缝连接，实现在不同的场景中灵活应用，如仓库管理、物流配送、零售管理等，帮助企业实现数字化转型和升级。

> **知识点2：自动识别技术的核心技术——条码技术及应用**

条码技术是迄今为止最经济、最简便的自动识别技术之一，是实现物流管理现代化的重要技术手段。条码由一组规则排列的条、空与相应的字符所组成，用以表示商品的信息。可以用特定的识别设备获取条码信息，并将其转换成与计算机兼容的二进制和十进制信息。

条码按维数不同，可分为一维条码、二维条码（见图2-2）；按码制不同，可分为EAN条形码、UPC条形码、ITF-14条形码、库德巴条形码、交叉25条形码等（见图2-3）。

图2-2　条码按维数不同分类

图2-3　条码按码制不同分类

> **小知识**
>
> 在自动化仓库中，条码可用于货物分类、库位分配、库位查询、出入库信息管理、出入库盘点、产品查询等。如果用人工操作，不仅浪费时间、人力、物力、财力，而且极易出现错误。条码技术的广泛应用，实现了货物的精准管理，满足了现代仓储管理的大部分需求。

1．一维条码

一维条码是由一组宽窄不一、反射率各异的黑条和白空按照一定的编码规则编制而成的二进制编码。其编码规则简单，造价较低；但数据容量较小，一般只能包含字母和数字，空间利用率较低。目前使用广泛的一维条码是EAN-13条形码。

2．二维条码

二维条码是在横向和纵向两个方向上按一定规律排列的黑白相间的几何图形，其特点包括存储数据量大，保密性能好，能够表示中文、英文等多种字符，并且具有纠错功能，是一种具有独特技术特点与优势的自动识别技术。

3. 条码技术在物流中的应用

现代物流业高度依赖于对数据和信息的采集、分析、处理以及实时提取和更新。条码技术将运输、储存、配送、装卸等环节的相关信息都纳入物流信息管理系统，实现统一管理和快速传递，保证了物品的快速流通，并支持随时跟踪和提取，实现了各个环节的有效衔接和高效管理。条码技术在物流中的具体应用见表2-6。

表2-6 条码技术在物流中的具体应用

序号	应用领域	内容	意义
1	仓储管理	条码技术的应用贯穿于出入库、盘点及库存管理等环节。在出入库作业和盘点过程中，利用手持终端扫码，所有数据会被自动记录在系统中。在库存管理中，条码不仅被用于标识所有货物，同样也可以用于标识货位。同时扫描货物条码与对应的货位条码，可以完成货物的上下架操作	库存精度提升，出错率和管理风险明显降低；为管理决策提供科学依据，快速响应客户，提高客户的满意度
2	配送管理	条码贯穿于配送中心的整个作业流程，包括收货、上下架、仓储、配货及补货等，实现了对货物的实时跟踪，并持续监控货物的动态状况	极大地提高了信息的传递速度和数据的准确性，有利于配送中心实现整个过程的自动化管理
3	物料管理	首先，用于标识物料；其次，通过扫描物料的条码，可以方便地查询和管理物料信息；此外，还可以应用于物料追溯，从而快速判断物料的来源与流向等信息	保证物料的准确性，提高了工作效率，并形成有效的物料管理控制闭环

知识点3：自动识别技术的核心技术二——无线射频识别（RFID）技术及应用

1. RFID的概念

RFID（Radio Frequency Identification，无线射频识别）是利用射频方式进行非接触双向通信，以实现自动识别目标对象并实时获取相关数据的一种自动传输与识别技术。它最早用于动物与车辆跟踪，以及自动生产线。随后，该技术逐渐广泛应用于电子收费系统、安防以及物流（见图2-4）等多个场景。

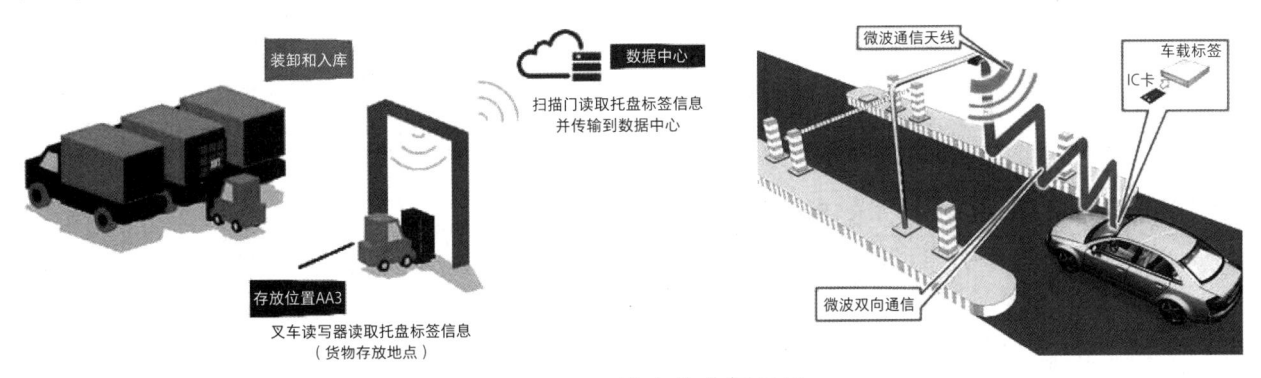

图2-4 RFID技术的应用场景

> **小案例**
>
> 在宁波梅山综合保税区，每辆进口汽车靠港后都将获得一张"电子身份证"——RFID电子标签。这张"电子身份证"贯穿进口整车从分流、入库、查验到出库全过程。只要获得RFID编号，整车的车架号、品牌、规格、颜色、库位号等信息，便可通过"宁波海关整车进口管理系统"即时查询。"宁波海关整车进口管理系统"实现了整车进口管控全程电子化、链条化、智能化，对区内整车动态监管更加严密、便捷，让"最多跑一次"在整车进口业务中得到实现。

2. RFID系统的构成

RFID系统包括硬件和软件两部分。其中，硬件部分由电子标签和识读器组成，软件部分由中间件和应用软件组成。RFID电子标签与条码技术相似，都可以用于物品的识别与追溯。两种技术的主要区别是条码利用激光阅读器读取数据，而RFID通过无线方式采集数据。RFID系统的构成及工作原理见图2-5。

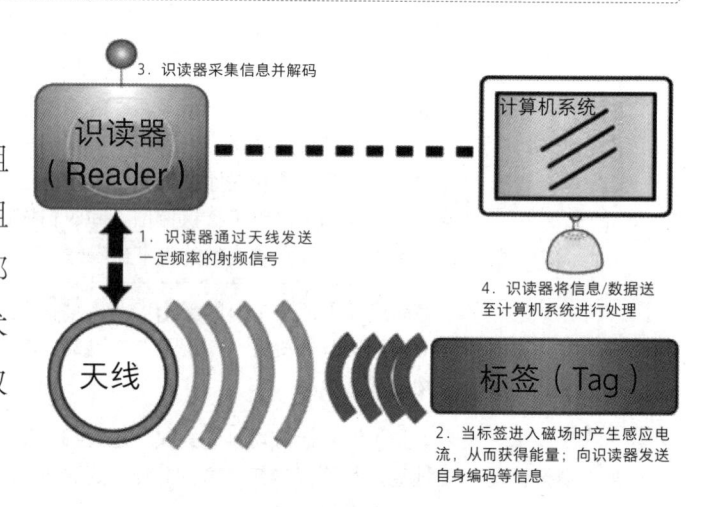

图2-5　RFID系统的构成及工作原理

3. RFID技术在物流领域的应用

RFID技术在物流领域的应用贯穿于仓库管理、分拣作业、运输监控、配送服务、生产、供应链协同、防伪追溯和车辆管理等各个环节，通过实现货物与信息的高效联动，推动物流行业的智能化、透明化发展。其具体应用见表2-7。

表2-7　RFID技术在物流领域的应用

序号	应用环节	实际应用	意义
1	仓库管理	在入库、出库、在库及退货等各个环节都引入RFID技术	提高仓储管理的工作效率，降低成本
2	配送服务	将RFID标签附加在运输包装上，利用RFID读写器的信号读取功能，即可实现对物品的快速识别和跟踪	准确获取物品信息，提高运输效率，实现高效、智能的物流运营
3	生产	实现对整个生产线中原材料、零部件、半成品和产成品的识别与跟踪	降低人工识别成本和出错率，提高效率和效益，实现存货管理的自动化

知识点4：自动识别技术的其他常见技术

1. 生物识别技术

生物识别技术是指基于生物特征信息进行身份识别的一种技术。常见的生物识别技术（见图2-6）包括指纹识别、声音识别、人脸识别、虹膜识别、手形识别、手背静脉识别等。它具有普遍性、唯一性、稳定性和不可复制性。随着生物识别技术的不断发展,目前该技术已经在金融、交通、物流以及医疗等领域得到了广泛应用。

a) 指纹　　　b) 虹膜　　　c) 手形　　　d) 人脸　　　e) 手背静脉

图2-6　常见的生物识别技术

2. 磁卡识别技术

磁卡(见图2-7)是一种磁记录介质卡片,它由高强度、耐高温的塑料或涂覆塑料的纸质材料制成。磁卡防潮、耐磨且有一定的柔韧性,携带方便,使用较为稳定可靠。

图2-7　磁卡

> **小案例**
>
> 磁卡支持数据读写,具有现场修改数据的能力;其数据存储量能满足各种需求;使用方便且成本低廉。这些优点使得磁卡的应用领域十分广泛,从银行到政府、学校、公司都可以使用磁卡,极大地方便了人们的生活和工作。借助磁卡技术可以实现多种应用,如消费支付、考勤管理、门禁控制、档案存储等,不仅提高了效率,还有效降低了成本。

任务实施

任务单见表2-8。

表2-8　任务单

任务:探索自动识别技术的奥秘——利用RFID技术规范完成出入库作业	
任务目的	通过本任务,强化学生规范化操作意识;使学生熟练掌握RFID读写器的调试、操作方法、故障排查、数据读取与解析等基本技能,在此基础上,使学生深入掌握自动识别技术及应用;同时,锻炼学生的问题解决能力,培养动手实践能力和技术创新意识
任务组织	根据班级人数将学生分成若干小组,3~4位同学为一组,每组选出一名组长,各组在组长的带领下,利用RFID技术规范完成出入库作业,掌握RFID的操作方法并了解其应用场景

（续）

任务环节	核心要点
教师介绍本任务的内容、要求及注意事项	华夏集团是一家主营仓储和配送服务的第三方物流公司，请根据企业管理制度及以下信息，利用RFID技术规范完成入库作业 	客户指令号	RK2024043001	客户名称	华夏集团	ASN编号	RK2024043001
---	---	---	---	---	---
库房	华源库房	入库类型	正常入库	是否取货	否
预计入库时间	2024年4月30日					
货品编码	货品名称	包装规格（mm）	总重量	数量	批号	备注
6922666443770	清风起柔系列4层120g	190×370×270	200kg	40箱	20230608	限高三层
6902538004045	康师傅饮料水蜜桃味	285×380×270	180kg	30箱	20230605	限高三层	
任务流程 学生活动： 小组分工合作完成任务（以入库为例）	（1）登录WMS（Warehouse Management System，仓库管理系统），点击"入库预报"→"新建"，创建入库单；根据背景资料填写数据，点击"发送审核"；在确认信息无误后，点击"确认审核"→"ASN操作"，以此下达入库指令；点击"打印"，系统生成入库单，见图2-8 图2-8　入库单 （2）仓管员登录RFID读写器点击"入库理货"（见图2-9），找到订单；点击"理货"→"理货"（见图2-10、图2-11），仓管员根据RFID读写器上显示的信息在收货区或月台找到对应的货物，扫描货品条码和托盘条码，确认信息无误后输入货物的实际数量，最后点击"确定"保存数据（见图2-12）

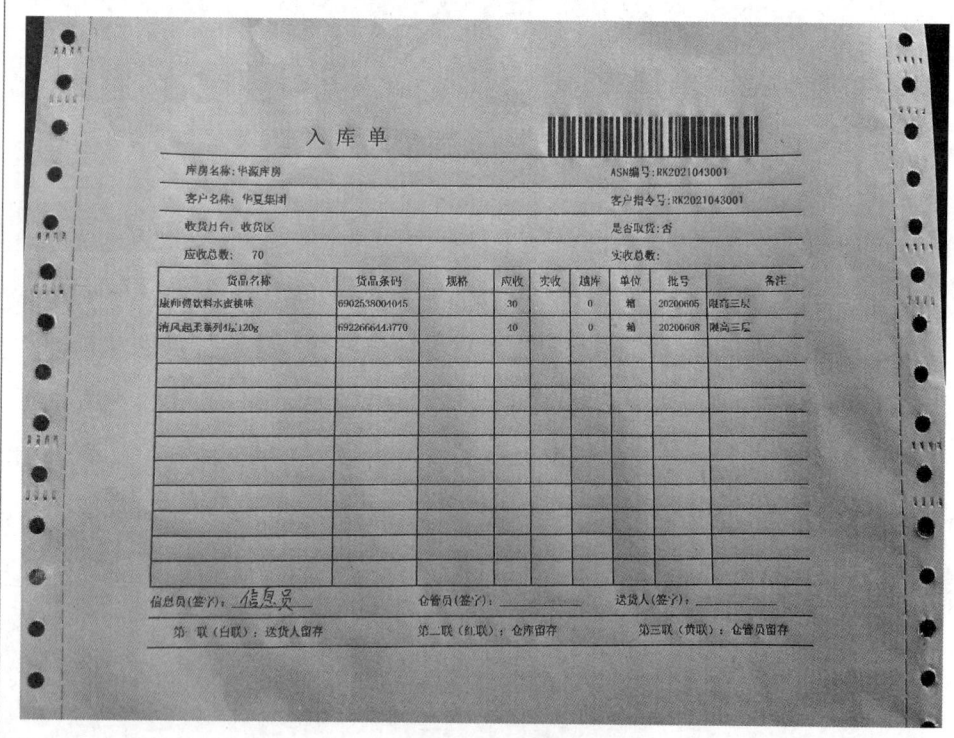

（续）

任务环节	核心要点
任务流程	学生活动：小组分工合作完成任务（以入库为例）

图2-9 "入库理货"页面　　图2-10 "理货1"

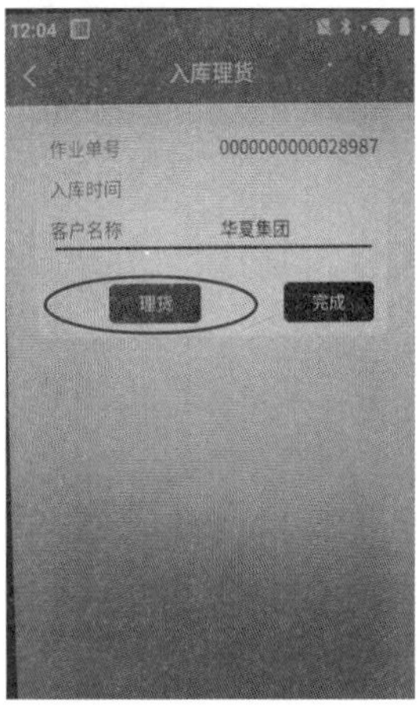

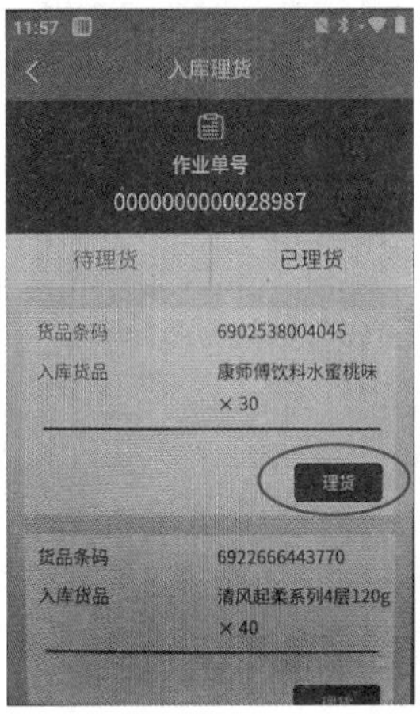

图2-11 "理货2"　　图2-12 点击"确定"保存数据

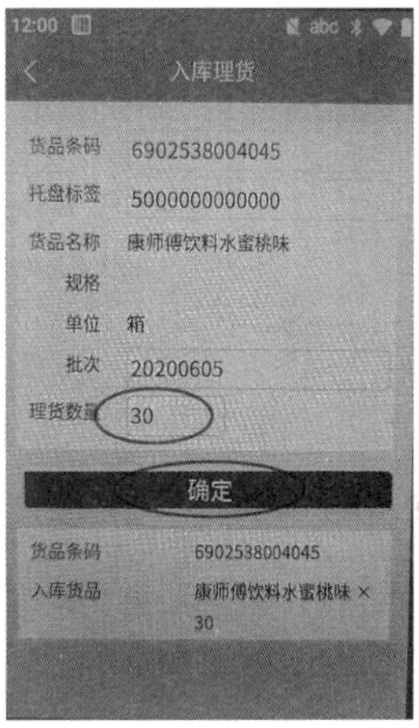

（3）点击"入库搬运"，输入托盘标签，点击"确定"，仓管员将货物搬运至指定的托盘交接区（见图2-13）

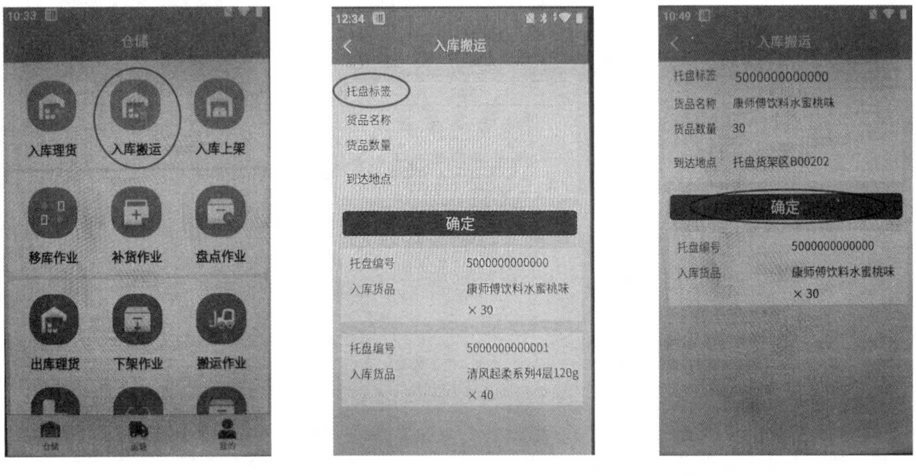

a)　　b)　　c)

图2-13 入库搬运

（续）

任务环节		核心要点
任务流程	学生活动：小组分工合作完成任务（以入库为例）	（4）叉车驾驶员点击"入库上架"，输入货物的托盘标签和储位标签，然后点击"确定"并完成上架作业（见图2-14） a）　　　　　　　　　　b） 图2-14　入库上架 （5）最后返回RFID读写器主页面，点击"入库理货"→"完成"并在入库单上签字（见图2-15），所有流程至此结束 a）　　　　　　　　　　b） 图2-15　完成"入库理货"并在库存单上签字
	教师点评	（1）规范化操作意识。学生是否严格遵循操作指南和安全规程、是否正确执行每个步骤、是否记录操作日志等 （2）RFID技能的掌握。学生是否能解释RFID系统组成部分及功能、是否能完成设备的初始设置、是否能准确无误地完成实操及是否具备面对常见问题时的诊断和修复能力
	教师总结	通过学习和实践，学生知晓了RFID系统的组成、工作原理及其特点，练习了如何规范地进行RFID设备操作，探讨了RFID系统中可能出现的常见故障及解决办法，学生在未来的学习和工作中可继续探索自动识别技术的新领域
考核要求		本任务的考核主要以小组为单位进行，考核的主要内容包括理论知识的理解程度、实操技能的熟练程度、入库作业执行效果、问题解决能力、工作规范遵守情况等。同时，结合各小组在团队协作、沟通表达能力和学习态度等方面展现出的职业素养，做出综合评价，促使学生熟练掌握RFID作业技能

任务评价

任务评价表见表2-9。

表2-9 "探索自动识别技术的奥秘——利用RFID技术规范完成出入库作业"任务评价表

评价项目	分值	评价标准	自评（20%）	他评（30%）	师评（50%）	实际得分
RFID标签准备与激活	15	根据实际物品特性选择RFID标签；牢固、正确地粘贴标签；准确录入物品信息				
RFID设备操作	15	正确、高效地使用RFID读写器进行标签读取、写入和验证操作；会安装与校准RFID，确保识别区域有效覆盖				
出入库流程执行	30	快速准确地读取RFID标签信息，核对入库单据，确保信息一致；依据订单或出库指令，利用RFID技术快速定位和拣选出库物品，系统均自动更新库存				
问题解决与优化	20	针对RFID系统在实际应用中遇到的问题，提出解决方案并优化				
安全与合规	10	对RFID系统的安全设置与权限管理有清晰理解，遵守相关数据保护法规和任务管理规定				
小组协作与沟通	10	在多人协同操作环境中展示良好的团队协作精神和沟通能力				
		合计				

拓展阅读

国产RFID芯片行李牌："中国芯"掌控"全流程"

依托一块小小的芯片，RFID读写器可以对旅客行李标签实现全程追踪，既省时省力又能防丢失。2021年3月9日，国航在重庆至武汉等往返航班上首次使用了国产RFID芯片行李牌。旅客可通过手机软件查询行李在托运、安检、分拣、装车运输、装机等多个环节的状态。行李牌是航空行李的唯一身份标识，相当于行李的"身份证"。行李牌实现电子化之后，能够不断提高行李服务品质，更好地满足旅客需求。

RFID芯片行李牌是国际民航组织认可的全球性行李运输系统升级的解决方案。为有效摆脱行李牌芯片全部依赖进口的被动局面，国航挖掘创新能力，推进国产RFID芯片行李牌的开发和应用。经过两年的立项研发与测试，并耗费了600万条行李牌进行实际运行检测，国航成功研发出国产RFID芯片行李牌。每一张行李牌的夹层都有一块RFID芯片，通过行李牌内嵌芯片就可以识别行李身份信息，不受行李条码位置、质量、光线等条件影响。RFID技术与行李再确认系统结合，就可以自动采集行李在托运、安检、分拣、装车、装机、卸机等关键节点的信息，形成完整的传输链路，实现行李的全流程跟踪。

2022年6月8日，国际航协向国航颁发"IATA行李跟踪全网络合规认证"（IATA Baggage Tracking Resolution 753 Network Compliance Certification）证书，宣布国航通过行李跟踪全网络认证。这意味着国航的行李跟踪能力得到了业内的认可且处于行业领先水平。为持续推进行李全流程跟踪业务开展，提高行李数字化管控能力，2022年7月21日，国航开启行李数据整合及应用系统试运行。除此之外，国航还将持续扩大行李跟踪航线覆盖网络，优化App等旅客服务展示界面，完善联运行李以及星盟成员之间的行李跟踪功能，继续为旅客提供高品质、可信赖、国际化的行李服务。

作业与练习

一、单项选择题

1. 条、空的（　　）颜色搭配可获得最大对比度，所以是最安全的条码符号颜色设计。
   A. 红白　　　B. 蓝白　　　C. 蓝黑　　　D. 黑白
2. 在仓储管理中，条码技术主要用于（　　）。
   A. 标识货物和货位，实现自动化管理　　B. 手动输入货物信息
   C. 减少仓库工作人员的数量　　　　　　D. 提高仓库的安全性
3. 条码技术可以通过（　　）提高库存管理的效率。
   A. 手工填写入库和出库记录
   B. 手持终端扫描条码，自动更新库存数据
   C. 减少仓库工作人员数量
   D. 增加库存量
4. 下列（　　）不是RFID系统的组成部分。
   A. 电子标签　　B. 读写器　　C. 天线　　D. 键盘
5. RFID技术与条码技术相比，不具备如下（　　）优势。
   A. RFID可以远距离读取，无须直接视线接触
   B. RFID可以同时读取多个标签，实现批量识别
   C. RFID标签的数据容量远大于条码
   D. RFID标签成本低廉，适用于一次性使用场景

二、判断题

1. 条码与RFID技术可以优势互补。　　　　　　　　　　　　　　　　　　（　　）
2. 二维码在损坏的情况下仍可以被正确读取，这是因为二维码具有错误校正功能。　　　　　　　　　　　　　　　　　　　　　　　　　　　　　（　　）
3. 条码是由一组排列规则的条、空及相应字符组成的标记，用以表示一定的信息。　　　　　　　　　　　　　　　　　　　　　　　　　　　　（　　）

4. RFID系统中，电子标签与读写器之间的通信方式是双向的。（　　）

5. RFID技术在物流领域仅用于仓库库存管理和货物追踪，不涉及运输车辆的管理。（　　）

三、技能训练题

1. 比较一维条码和二维条码，说说它们的不同点。

2. 某企业仓库当前面临出入库作业效率低下和人工错误频发的问题，严重影响了供应链的整体效率。为解决这些问题，请你根据企业的具体情况（如预算、现有设备、技术水平、业务需求等），选择适合企业的自动识别技术来优化作业流程，提高作业效率和准确性。

任务三　检测技术的应用

任务描述

传统的物流仓库存在物品混装、手动分拣的情况。这种仓储管理模式效率低，容易因人为原因导致误差和质量问题，且劳动强度大。随着机器人和自动化的快速发展，机器视觉检测技术在物流仓储行业中的应用越来越广泛。它可以高效准确地检测物流各环节上的货物、提高物流运输效率、降低管理成本及减少工作量，成为现代物流产业技术革新的主要驱动力之一。

通过本次学习任务，学生能够选择合适的自动识别技术、质量检测设备及物流检测技术为某物流中心设计和优化货物检测流程，以确保所有进出库商品的质量与安全，并有效提高整体物流效率，减少因货物质量问题引发的客户投诉与退货损失。

知识准备

知识点1：物流检测技术的概念

物流检测技术是指在物流活动中，采用各种手段和技术设备对物流信息进行采集、监测、分析和处理的一系列技术措施。这些技术涵盖了从货物的识别、跟踪到状态监控、安全验证以及风险评估等各个环节，确保物流过程的透明度、效率和安全性。

知识点 2：物流检测技术的种类

物流检测技术涵盖了从货物识别、状态监控到流程优化、风险管理等多个层面。以下是一些主要的物流检测技术。

1. 自动识别技术

自动识别技术利用计算机及相关设备构建一个自动化的工作流程，它涉及对输入信息进行处理、分析和比对，以实现对目标对象的自动辨识和判定。这种技术的核心在于将目标对象与其已知的模式或特征进行比较，以此来确定其身份或属性。

自动识别技术主要有一维条码识别、二维条码识别和射频识别。

> **小知识**
>
> 一维条码识别最简单、成本最低，但功能较单一且需直接对准读取；二维条码识别扩展了一维条码的能力，且适用场景更广；而RFID技术则具有非接触、远程读取、多目标识别以及可动态更新数据的优势，在物流管理和智能物联网领域有广泛应用。

2. 传感检测技术

传感检测技术是指通过各种传感器（或换能器）对物理环境、机械状态、化学成分、生物参数等进行实时探测、识别和量化分析，以获取有关被检测对象的状态信息，并将这些信息转化为易于处理的电信号或其他形式信号的技术。

（1）环境检测技术。

1）温湿度传感器。在冷链物流中，用于监控运输过程中食品、药品等温敏商品的温度和湿度条件，确保其品质不因环境变化而受损。

2）振动和冲击传感器。检测货物在运输过程中的振动和冲击情况，判断是否有过激运动导致货物损坏的风险。

（2）状态检测技术。

1）压力传感器。用于检测集装箱或包装物内部压力变化，防止过度堆叠或装载不当造成的货物损坏。

2）重量传感器。安装在托盘秤、叉车或其他装卸设备上，用于精确测量货物重量，以保证符合运输限制和计费标准。

> **小知识**
>
> RFID技术与传感器技术相辅相成，共同构建了一个动态的货物跟踪网络。RFID技术用于货物身份标识和一般位置追踪，而各类传感器则提供了货物状态的具体信息，如环境状况、物理属性变化等。

3．安全防护技术

物流安全防护技术是保障物流活动各个环节中货物、设施、信息及人员安全的一系列措施和技术手段的总称。物流企业使用的安全防护技术主要有光电传感器和红外传感器。

（1）光电传感器。它能将接收到的光信号（包括但不限于可见光、红外光、紫外光等）转化为电信号。光电传感器主要用于自动化仓库中门禁控制、货位占用状态检测以及物料搬运机器人的精准操作。

（2）红外传感器。它利用物体发出或反射的红外线能量来探测、识别或量化目标物体的特征，如温度、存在与否或运动状态等。红外传感器主要用于通道入口处触发警报系统，防止未经授权人员进入安全区域或偷窃货物。

> **小知识**
>
> 光电传感器主要用于检测物体的存在、进行颜色识别以及测量光照强度等；红外传感器主要用于热成像、夜视设备、人体感应、智能建筑中的自动门控制、安防监控、军事侦察、消防预警、智能家居等领域，特别适合于昏暗的环境或者需要非接触测温的场合。

4．智能标签技术

智能标签技术是一种结合了RFID技术、传感器技术、微电子技术等多种高科技手段的先进标签形式。它可以监测货物的状态并实时反馈数据，如食品的新鲜度、药品的有效期或化学品的稳定状况等。

5．货物完整性检查技术

货物完整性检查技术确保货物在运输过程中不受损害且内容物未被非法篡改或丢失。以下是一些常见的物流货物完整性检查技术。

（1）射频应答器和读卡器配合使用，可以精确追踪包裹在分拣、转运过程中的处理情况，有效避免错发、漏发等情况发生。

（2）利用基于应力、声学或光学原理的传感器，可以识别货物包装是否出现裂痕、破损等问题。

知识点3：检测技术在物流中的应用

检测技术在物流企业中的应用非常广泛，涵盖了货物质量、自动识别和监控、仓储环境以及货物安全等多个方面，其具体应用见表2-10。

表2-10　检测技术在物流中的应用

序号	应用		内容
1	货物质量检测技术	机器视觉检测	利用计算机图像处理技术和模式识别技术自动检测货物尺寸、颜色、形状、标签内容、包装、条码是否正确，以及货品堆放位置是否合规等
		无损检测	利用X射线、超声波、电磁检测等非接触式方法检查货物内部结构的完整性，尤其适用于高价值或易损货物的检测

(续)

序号	应用		内容
2	自动识别和监控技术	基于AI的智能摄像头识别技术	它是一种集人工智能算法和硬件设备于一体的视频监控解决方案,实时分析从摄像头捕获的视频流,并通过先进的图像处理、模式识别和机器学习技术对内容进行智能化理解
		RFID标签读取技术	通过无线射频信号对物品进行非接触式的自动识别与数据交换,实现物流过程中的货物追踪、库存管理、出入库自动化检测等功能
		二维条码识别技术	通过该技术可实现货物追踪与追溯、库存管理、自动化分拣、防伪验证与防窜货控制、电子面单生成与签收确认等功能
		一维条码扫描系统	在出入库环节确保货物信息准确无误,并有效支持库存管理工作
3	仓储环境检测技术	温湿度传感器监控系统	对仓库、冷藏冷冻设备等区域进行温湿度控制,保证特殊商品(如食品、药品)的储存条件符合标准
		环境污染物检测仪	用于检测仓库空气质量、有害气体含量等
4	称重与体积测量技术	自动称重设备	确保货物重量准确并满足运输要求
		3D体积测量系统	快速获取货物尺寸数据,优化存储空间使用和运费计算
5	货物安全检测技术	安检设备	用于发现包裹中可能存在的危险品或违禁物品,如X射线安检机
		智能视频分析	通过摄像头监控系统自动识别异常行为或事件,保障货物安全
6	智能物流设备检测技术	设备状态监测	包括叉车、输送带、分拣机器人等物流设施的运行状态和故障预警
		物流车辆定位及性能检测	如GPS监测车辆位置,车载诊断系统(OBD)监控车辆行驶状态
7	自动化检测技术	包装完整性检测	如气密性检测设备确保包装的密封性
		包裹分拣系统的自动检测功能	通过图像识别、形状分析等技术,实现包裹的高效准确分拣
8	物联网技术		利用物联网技术构建智能物流网络,通过各类传感器收集数据,实时监控物流全过程,提升整体运营效率和货物安全性

小知识

当货物经过3D相机的扫描范围时,该相机能够快速获取和分析货物的三维形状和点云数据,进而生成一个准确的三维模型。通过对其进行处理和计算,可以得到货物的体积和尺寸的准确数据。这些数据对于费用计算、舱位规划和装载优化非常重要。

任务实施

任务单见表2-11。

表2-11 任务单

任务:设计和优化货物检测流程	
任务目的	分析现有货物检测过程中的痛点和瓶颈,提出改进措施;设计涵盖入库、在库和出库全过程的货物质量检测流程;对各类货物进行快速准确的入库前质量检验;实施高效的货物破损及异常情况排查;使用先进的技术手段对易损或高价值商品进行实时监控;定期对仓库内的设施设备进行维护和性能检测;搭建信息化平台,实现检测数据的自动化采集、分析与预警功能

项目二　智慧物流采集技术

(续)

任务组织	根据班级人数将学生分成若干小组，每组选一名组长，各组在组长的带领下开展活动，以小组形式完成"设计和优化货物检测流程"的任务，并撰写项目报告				
任务流程	任务环节	核心要点			
^	教师介绍本任务的内容、要求及注意事项	（1）阐述当前货物检测流程存在的问题和改进需求，明确设计和优化货物检测流程的目标 （2）明确调查报告的要求，提供操作步骤、设备清单及可能的风险预测与应对策略 （3）成员积极沟通、通力协作，在优化过程中要考虑系统的稳定性和可扩展性；遵守相关法律法规，保证货物检测流程符合行业规范和安全标准			
^	学生开展活动、完成任务、撰写项目报告	（1）现状调研与问题识别。深入传统物流服务企业进行现场调研，了解当前货物检测的各个环节、所使用的工具设备以及存在的问题和挑战；收集过去一段时间内的货物损坏案例，分析原因并确定关键检测点 （2）货物检测流程设计与优化。通过流程设计与优化，确保物流中心保持高效运作，提升货物检测工作的质量和准确性，进而有效控制风险，具体内容如下			
^	^	序号	流程	内容	
^	^	1	入库检查流程	配置自动化的称重设备和条码/RFID扫描系统，在货物到达时即进行重量核对和身份识别	
^	^	^	^	通过机器视觉技术或者人工初步检查货物外包装完整性，对于有损坏痕迹的货物进行标记并隔离，并记录详细信息	
^	^	^	^	对于食品、药品等特殊品类，采用专用设备检测其生产日期、保质期等关键信息，不符合标准的禁止入库	
^	^	2	在库巡查流程	自动盘点系统	通过RFID、条码等自动识别技术，配合智能货架和移动机器人进行实时动态盘点，定期生成库存报告
^	^	^	^	环境监测与预警	利用传感器对仓库内的温度、湿度、光照、烟雾等环境参数进行实时监控，并在超出预设阈值时触发警报；对贵重或易损商品使用振动传感器、倾斜传感器等，当发生异常移动或碰撞时立即触发警报
^	^	^	^	视频监控与AI分析	通过高清摄像头及AI图像识别技术，实现对仓库内作业行为的可视化管理，对物流各环节合规性检查，以及异常行为的实时捕捉和报警
^	^	^	^	智能巡检机器人	配备各种传感器的智能巡检机器人可以按照预定路线定时巡查仓库，对货架、地面、消防设施等进行视觉检测，预防安全隐患
^	^	3	出库复核流程	条码扫描	通过手持终端或固定式扫描器读取商品包装上的条码，系统将自动比对条码对应的商品信息是否与订单需求一致
^	^	^	^	RFID识别	利用RFID阅读器非接触地读取标签信息，实现快速、批量的商品确认和追踪
^	^	^	^	机器视觉检测	利用高精度摄像头和图像识别算法进行商品外观、包装完整性以及批次号、有效期等视觉信息的自动化核查
^	^	^	^	重量与体积检测	动态称重系统可以实时测量拣选出的商品重量，并与系统记录的标准重量进行对比，确保数量准确无误，并通过三维成像或光电感应等方式测量包裹体积，以验证其是否符合订单要求
^	^	^	^	批号及有效期管理	对于药品或其他有严格批次和保质期要求的商品，WMS会自动校验出库商品的批号和剩余有效期，防止过期产品出库

（续）

任务环节		核心要点
任务流程	学生开展活动、完成任务、撰写项目报告	（3）搭建质量控制体系。设计货物检测标准和操作规范，明确质量要求和责任分配；建立定期的质量审计机制，对货物检测流程进行持续改进；制定应急预案 （4）撰写项目报告。在报告中记录整个调查、实施和优化过程，总结经验教训，并为进一步提升物流企业的货物检测能力提供参考建议
	教师点评	（1）问题识别和目标设定。评估学生是否指出了当前货物检测流程中存在的问题、是否提出了改进的目标和期望达到的效果 （2）货物检测流程方案评估。分析流程的设计是否科学合理、是否有创新点；评估相关理论知识运用是否恰当、是否对现有检测方法进行了研究和理解 （3）可行性与成本效益分析。考察报告是否考虑了新流程实施的可行性，实施步骤规划是否清晰，对优化后的流程是否进行了成本和效益分析 （4）表达与格式规范检查。检查报告的撰写格式是否规范，内容逻辑是否清晰，数据图表是否准确且易于理解，语言表达是否专业流畅
	教师总结	在活动中，学生对货物检测流程的设计和优化工作进行了理解和思考，能结合实际问题提出一些有见地的解决方案；在探讨某些实施细节时，有些方面还可以进一步深入，以更好地理解和应用实操层面的知识和技术手段。希望学生更多地参与到实际操作中去，通过实践加深对各个流程环节的认识，了解每个步骤的具体要求
考核要求		本任务的考核主要以小组为单位进行，考核的主要内容包括团队分工与协助、流程的实用性与合规性、调查报告内容和结构等；评选出表现最佳的小组和在演讲中最为突出的个人；各小组整理并妥善保管相关材料，以便作为学习成果的记录，并为未来的教学活动提供参考资料

任务评价

任务评价表见表2-12。

表2-12　"设计和优化货物检测流程"任务评价表

评价项目	分值	评价标准	自评（20%）	他评（30%）	师评（50%）	实际得分
调查报告结构与内容	30	明确阐述背景，合理设定研究目标，准确描述现有流程及其存在的问题；数据采集方法科学、分析严谨，能有效支持设计方案；报告结构完整，格式规范，内容充实，图表制作规范				
流程优化的有效性与创新性	20	流程科学合理，检测流程设计方案具有一定的创新性，能够有效解决问题				
实施步骤与可行性	30	任务分配合理，实施步骤清晰明确，注重成本效益				
成本效益评估	20	对新流程的成本投入和预期效益进行准确估算和比较分析，展现明确的成本效益优势				
合计						

拓展阅读

菜鸟网络的智能分拣机器人"菜小鸟"

如果把包裹定义为物理空间上任意一个物体的移动，那么包裹可谓无处不在。据预测，到2025年，每日的包裹量将达到10亿件。面对包裹配送量激增的挑战，菜鸟致力于运用末端配送机器人去应对配送人员不足、成本上升等问题。2017年，菜鸟发布了两款菜鸟小G，通过图像识别技术快速准确地识别包裹目的地，实现自动化的包裹分拣作业，显著提升了分拣效率和准确性。第一个是菜鸟小G2代，被设计用于园区范围内部的配送任务；第二个是小G Plus，专为开放街道环境中的配送而打造，强调性能、载货量和速度。

菜鸟小G的系统架构包括：传感器，即眼睛、耳朵；计算单位，即大脑；执行机构，即手脚。所有的传感器都有其适合的场景，对于特殊的材质，将选用包括超声波在内的多种传感器进行感知；所有传感器的数据都会被输入计算单位，计算单位包含两大功能：一是高精度地图，用于静态场景的识别和处理；二是定位，处理结构化场景的识别。菜鸟小G的识别系统主要负责对动态障碍物进行检测、跟踪和预测等。

作业与练习

一、单项选择题

1. 利用计算机及相关设备的自动化过程对输入信息进行处理、分析和比对，以实现对目标对象的自动辨识和判定，是（　　）技术。
   A. 一维条码识别　B. 二维条码识别　C. 射频识别　D. 自动识别

2. 当叉车或其他搬运设备靠近货架时，（　　）能及时探测并触发警报或停止设备运行，避免碰撞事故的发生。
   A. 定位系统　　B. 导航系统　　C. 红外传感器　　D. 光电传感器

3. （　　）可用来监测食品的新鲜度、药品的有效期或化学品的稳定状况并实时反馈数据。
   A. 智能标签技术　　　　　　B. 货物完整性检查技术
   C. 安全防护技术　　　　　　D. 状态检测技术

4. （　　）适用于高价值或易损货物的质量检测。
   A. 机器视觉检测　　　　　　B. 无损检测
   C. RFID检测　　　　　　　　D. 二维条码识别

5. 气密性检测属于（　　）检测技术。
   A. 货物质量　　B. 货物安全　　C. 自动化　　D. 智能物流设备

二、判断题

1. 自动检测系统可能出现误报（即错误地识别为安全隐患）或漏报（未能准确发现真正存在的安全隐患），影响决策效率和准确性。（　　）

2. 自动识别技术在恶劣的环境条件下或者高速移动的物体上能够保持较高的识别准确率。（　　）

3. 振动、冲击传感器和压力传感器都属于状态检测技术。（   ）

4. 货物完整性检查技术可以用来确保货物在运输过程中不受损害且内容物未被非法篡改或丢失。（   ）

5. 自动化检测系统可以用于货物质量、安全、位置追踪以及仓储环境等方面，但不能实现包裹的高效准确分拣。（   ）

三、技能训练题

1. 在实际工作中，哪些物流检测技术可以用来保障商品的质量与安全？

2. 在现代智慧物流体系中，高效、准确的物流检测技术至关重要。请你设计一套基于物联网技术的物流包裹智能检测系统，以实现对包裹的自动识别、动态称重及状态监控等功能。

任务四　跟踪定位技术的应用

任务描述

2022年，国务院办公厅发布了《"十四五"现代物流发展规划》，它明确了"十四五"时期推进物流业高质量发展的战略导向和总体思路，突出了现代物流发展的重点方向，对未来一段时期物流业发展进行系统谋划、统筹安排，进一步推动北斗、5G通信、移动互联网、大数据、人工智能等新一代信息技术和设施设备在现代物流领域应用。如今的物流信息化管理平台，正使用"人、车、货、企"海量物流大数据，结合北斗时空应用、人工智能、物联网、云计算等技术，全力打造一体化智慧物流技术平台，助力物流行业加速数字化、智慧化转型升级。

请同学们以小组为单位，通过网络和实地调研的方式搜集资料，比较不同类型的物流跟踪定位技术在企业中的应用以及这些技术在不同应用场景中的效果并进行演讲汇报。

知识准备

知识点1：跟踪定位技术的概念

跟踪定位技术是指通过对目标进行连续观测和测量，以获取其位置和运动轨迹等信息，并将目标初始位置与实时位置联系在一起的一种技术。它可以实现大规模和多个物体之间的跟踪定位，并确定物体的位置和状态。随着技术的发展，跟踪定位技术已经在许多不同的领域中得到广泛应用，如设备管理、车辆管理、供应链管理、智能家居、物联网、无人驾驶等。

| 知识点2：物流跟踪定位的核心技术——地理信息系统（GIS）技术及应用 |

物流跟踪定位技术已从传统的以GPS、GIS（Geographic Information System，地理信息系统）为主体技术，转向GPS、GIS、蓝牙技术、条码技术、射频技术等多种追踪相关技术的融合，同时，这些追踪技术与运输管理系统、仓储管理系统、配送管理系统、企业信息管理系统等各类管理信息系统实现了更深层次的集成。物流跟踪定位技术不仅是物流增值服务的一种实现方式，更是物流过程可视化的重要手段。

> **小知识**
>
> 通过将可视化功能和GIS技术相结合，用户可以展示和查询已有的地理信息系统数据。借助丰富的可视化手段，地理信息系统数据得以展示和叠加，实现了站点分布可视化、物流线路轨迹追踪、区域信息查看等功能。可视化功能和GIS技术相结合，可有效提升物流运输效率，降低物流管理成本，优化物流各个环节，促进智慧物流行业的建设和发展。

1．GIS的概念

GIS是在计算机硬、软件系统支持下，对整个或部分地球表层（包括大气层）空间中的有关地理分布数据进行采集、储存、管理、运算、分析、显示和描述的技术系统。GIS的本质是对空间信息的描述和分析（简而言之，是对地球上存在的现象和发生的事件进行成图和分析）。GIS技术把地图这种独特的视觉化效果和地理分析功能与一般的数据库操作（如查询和统计分析等）集成在一起。

2．GIS的构成

GIS包括硬件系统、软件系统、地理空间数据和人员等4个部分（见图2-16）。硬件是GIS运行的基础设施，用于实现系统内部和外部的数据传输和共享；软件提供了系统的功能和工具，用于实现地图显示、存储管理地理数据及空间分析；数据是GIS系统的核心内容，为GIS分析和决策提供基础；人员包括系统管理员、数据管理员、应用开发人员和用户等，负责数据的采集、整理和管理，以及系统的开发、运行、维护和使用。

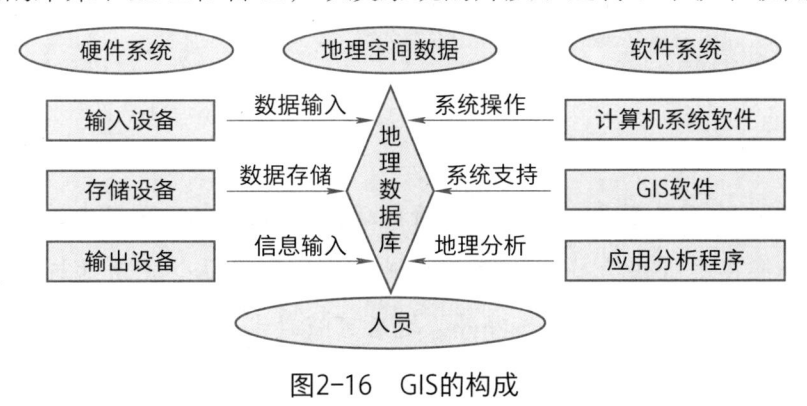

图2-16　GIS的构成

3．GIS在物流领域的应用

GIS包含处理空间或地理信息的各种基础和高级的功能，其基本功能包括对数据的采集、管理、处理、分析和输出。GIS依托其强大的地理数据功能来完善物流分析技术，合理调整物流路线和流量，科学设置仓储设施，高效调配运力，提高物流作业的效率。GIS在物流领域的应用见表2-13。

表2-13　GIS在物流领域的应用

序号	应用领域	内容	意义
1	物流路线规划	根据货物的重量、体积等信息，进行运输能力评估和资源配置，并通过对地理空间数据的分析和处理，确定最佳的运输路线	避免拥堵和交通事故，以确保物流运输的顺畅和高效
2	物流仓储管理	规划和优化仓库的布局、容量、货物存放位置等，监控仓库的货物流动，并通过智能调度系统实现货物的自动化分拣和配送	提高库存的准确性和物资的利用率，减少库存成本
3	运输管理	实时监控货物运输的位置和状态，提高运输过程的透明度	及时发现运输过程中的异常情况并采取措施保证货物按时、准确地到达
4	配送管理	根据实时交通信息和客户位置，合理规划配送路线	提高配送效率，减少配送成本
5	信息的可视化展示和分析	直观呈现物流运输过程中的各种情况，如货物的来源、目的地、运输路线；通过分析地理信息数据，预测物流运作	为物流决策提供科学依据

知识点3：物流跟踪定位的核心技术二——全球定位系统（GPS）技术及应用

跟踪定位技术主要通过接收卫星提供的经纬度坐标信号来进行定位。世界上主要的卫星定位系统有4个，分别是美国全球定位系统（Global Positioning System，GPS）、俄罗斯格洛纳斯卫星导航系统（GLONASS）、欧洲伽利略（GALILEO）卫星导航系统、中国北斗卫星导航系统（BDS）。

1．GPS的概念

GPS是指利用GPS卫星，向全球各地全天候、实时性地提供三维位置、三维速度等信息的一种无线电导航定位系统。它在全球任何地方以及近地空间都能够提供准确的地理位置、行驶速度及时间信息。

> **小知识**
>
> 随着GPS系统的不断完善和软件的不断更新，目前，对20km以内的相对静态定位，仅需15～20min；在进行快速静态相对定位测量时，如果每个流动站与基准站的距离在15km以内，流动站观测时间只需1～2min，之后可随时定位，每站观测只需几秒。

2. GPS的构成

GPS主要由GPS卫星星座（空间部分）、地面监控系统（地面控制部分）和GPS信号接收机（用户设备部分）三部分组成。这三部分有各自独立的功能和作用，对于整个全球定位系统来说，它们都是不可缺少的。GPS卫星可连续向用户播发用于进行导航定位的测距信号和导航电文，并接收来自地面监控系统的各种信息和命令以维持系统的正常运转。

3. GPS在物流领域的应用

GPS以其高精度、全天候可用性、全球覆盖、方便灵活、高效率吸引了众多用户。跟踪定位技术是智能物流系统的核心技术之一，是物流行业管理的智多星。GPS在物流领域的应用见表2-14。作为智能物流系统的主要功能之一，GPS为货物跟踪、车辆管理、路线优化等提供了实时和准确的数据支持，极大地提高了运输效率，降低了运营成本，并提供了更加优质的客户服务。

表2-14　GPS在物流领域的应用

序号	应用环节	实际应用	意义
1	实时跟踪与监控	实时追踪货物及车辆的当前位置、行驶速度和预计到达时间，一旦发生异常移动或偏离预定路线，立即发出警报	确保货物的安全，并且可以使客户能够更好地安排收货事宜，增强客户的信任感和满意度
2	动态调度	通过实时位置数据，物流公司可以更有效地调度车辆，优化路线，灵活应对交通状况、天气变化或其他突发事件，减少空驶里程	调度中心可以根据实时路况和预计到达时间调整计划，提高运输效率
3	路线规划和导航	GPS结合GIS可以帮助驾驶员考虑交通状况、道路条件、距离、时间、环境影响和可能的限制条件，选择最佳的行驶路线	避开拥堵路段，节省时间和燃料
4	报警援救	当车辆发生故障或遭遇事故时，GPS系统可以立即向调度中心发送警报，包括事故发生的具体位置	使得救援人员能够快速响应并采取必要的行动，减少损失
5	资源优化与管理	物流公司可以利用GPS规划和分配其运输资源，如车辆、驾驶员和装载空间；GPS也可用于资产管理和设备使用及维护	管理者可以根据数据制定更有效的维护计划，延长设备寿命，减少维修成本

知识点4：物流跟踪定位的核心技术三——北斗卫星导航系统（BDS）技术及应用

北斗卫星导航系统（Beidou Navigation Satellite System，BDS）是我国自行研制、自主建设、独立运行的全球卫星导航系统，也是继GPS、GLONASS之后的第三个成熟的卫星导航系统。

> **小知识**
>
> 自古以来，北斗星是人们辨识方位的重要依据。而司南则是中国古代发明的世界上最早的导航装置。北斗导航定位系统的设计中结合了北斗星和司南的元素，既彰显了中国古代科学技术的卓越成就，又体现了卫星导航系统星地一体，为人们提供定位、导航、授时服务的行业特点。

1. BDS的概念

BDS是一个提供全球定位、导航和授时服务的天基系统。GPS使用的是双频信号，而BDS是全球第一个提供三频信号服务的卫星导航系统，可以实现更高的定位精度。其目标是为全球用户提供全天候、全天时、高精度、高可靠性的定位、导航和授时信息，同时具备短报文通信、差分增强等增值功能。

> **● 小知识**
>
> BDS具备短报文通信服务功能，这在全球定位系统中是一次技术突破。美国的GPS只能单向通信，而我国的BDS实现了双向通信。

2. BDS的构成

BDS由空间段、地面段和用户段组成。空间段由地球静止轨道卫星、倾斜地球同步轨道卫星和中圆地球轨道卫星三部分组成。地面段包括主控站、时间同步/注入站和监测站等若干地面站，以及星间链路运行管理设施。用户段包括北斗及兼容其他卫星导航系统的芯片、项目、天线等基础产品，以及终端设备、应用系统与应用服务等。

3. BDS在物流领域的应用

"北斗"赋能使得我国智慧物流顺利驶入高质量发展的快车道，并且由于它能够提供米级、亚米级甚至厘米级的定位服务，满足了不同层次的物流需求。其在物流领域的应用见表2-15。

表2-15 BDS在物流领域的应用

序号	应用环节	实际应用	意义
1	车辆跟踪与管理	实时追踪运输车辆的位置，提供精确的地理位置信息	帮助物流公司监控货物的运输路线和进度
2	优化运输路线	减少空驶和等待时间	提高运输效率
3	货物监控	配合物联网技术，可用于监控货物的状态	减少货损
4	仓库管理	精准定位库存物品	提高库存管理的准确性，减少查找和盘点的时间
5	安全防护	提供紧急报警服务	保障货物的安全
6	跨境物流	北斗系统覆盖全球，服务于跨境物流	实现全程无缝的定位和追踪服务
7	智能调度	结合大数据和人工智能技术进行智能调度	动态调整运输计划

任务实施

任务单见表2-16。

表2-16 任务单

任务：比较不同类型的物流跟踪定位技术在企业中的应用及效果		
任务目的	通过活动，知晓不同类型的物流跟踪定位技术，能够分析比较每种技术的优缺点，并根据不同应用场景选择合适的技术与应用效果，鼓励学生关注未来物流跟踪定位技术（5G、AI、区块链等）的发展趋势，培养学生的技术创新意识	
任务组织	据班级人数将学生分成多个实训小组，各小组在组长的领导下通过网络和实地调研的方式，搜集资料，比较不同类型的物流跟踪定位技术在企业中的应用以及这些技术在不同应用场景中的效果，形成以"不同类型的物流跟踪定位技术在企业中的应用及效果"为主题的PPT并进行演讲汇报	
任务流程	任务环节	核心要点
	教师介绍本任务的内容、要求及注意事项	（1）学生明确调查的目的和意义后设计调查问卷、访谈提纲或观察记录表，确定样本抽取方法 （2）确保调查遵循道德规范，尊重并保护参与者的隐私，公平对待每位参与者，按计划高效执行，保证数据的真实性与合法性 （3）增强安全意识。在实地调查中，要时刻注意人身安全；在网络调查中，则需格外注意网络安全，防止个人信息泄露或遭受网络攻击 （4）强调团队分工合作，严格核实数据，指导学生撰写调查报告并总结反思
	学生开展活动、每组展示任务成果、制作PPT并进行汇报	（1）选择调查对象。聚焦于无人机配送、自动驾驶、实时跟踪和智能仓储与绿色物流等领域 （2）确定调查内容。探究技术特点、优缺点，以及它们在仓储、运输、配送等环节的具体应用 （3）实施调查。确保数据全面、准确、客观并进行数据分析 （4）撰写调查报告。报告中应描述物流新技术在各企业的应用情况、优缺点、成功案例和挑战等，并提供建议 （5）演讲汇报。介绍企业应用不同物流跟踪定位技术的特点、优缺点以及适用场景，并展示小组的比较分析结果
	教师点评	（1）检查学生对知识的掌握与应用能力，对不同技术优劣势的分析是否透彻，是否理解技术的适用场景 （2）PPT内容应简洁清晰、核心信息突出，同时注意演讲的流畅性和吸引力；各小组内部任务分配与合作是否展现了良好的团队协作精神
	教师总结	本次学习任务为学生提供了锻炼分析、研究、创新和团队协作能力的机会。学生可进一步了解多种物流跟踪定位技术的实际应用情况及成效，提升了对跟踪定位技术的理解，希望学生能够领悟这些技术如何为物流管理创新打开了全新视野
考核要求	本任务的考核主要以小组为单位进行，考核的主要内容包括小组成员的知识理解与应用能力、创新与未来展望、PPT制作与演讲技巧、团队合作与任务管理、发言效果及影响力等。最终评选出最佳团队协作奖，以激励学生的积极性和创新精神。同时，将所有材料进行归档，以便作为教学资源使用	

任务评价

任务评价表见表2-17。

表2-17 "比较不同类型的物流跟踪定位技术在企业中的应用及效果"任务评价表

评价项目	分值	评价标准	自评（20%）	他评（30%）	师评（50%）	实际得分
内容完整性	30	全面介绍企业应用的各种物流跟踪定位技术的主要功能和应用案例				
特点与优缺点分析	20	准确描述每种技术的特点，比较各种技术的优缺点，提供具体的实例来说明这些优点和缺点在实际应用中的体现				
适用场景匹配	20	清晰地阐述每种技术适合的应用场景				
视觉与组织结构	10	PPT布局清晰、层次分明，有效利用图表、图像和其他视觉元素来增强信息的传达效果				
演讲与表达能力	10	仪容仪表自然大方，语言表达流畅、准确				
参考文献时效性与准确性	10	引用新研究成果和实际案例来支撑观点，并确保信息来源的可靠性和准确性				
合计						

拓展阅读

北斗卫星导航系统的研发

鉴于对美国GPS等外国卫星导航系统的依赖可能带来的安全风险，以及维护国家的安全和战略利益的需要，加之卫星导航的黄金频段已被占据，我国决定自主研发北斗卫星导航系统。此举旨在获取宝贵的频率资源，推动科技发展与创新，并满足日益增长的对精确、可靠的卫星导航服务的需求。其研发历程主要可以概括为以下三个阶段。

（1）北斗一号（BD-1）阶段。研发始于20世纪80年代末，发射了3颗地球静止轨道（GEO）卫星。北斗一号只是一个区域性卫星导航系统，主要用于解决我国及周边地区的定位、导航和授时问题。

（2）北斗二号（BD-2）阶段。研发始于2004年左右，发射了多颗中圆地球轨道（MEO）和地球静止轨道卫星。北斗二号升级为覆盖亚太地区的区域导航系统，增加了无源定位服务，并提高了系统的定位精度和可靠性。

（3）北斗三号（BD-3）阶段。研发始于2009年左右，发射了多颗中圆地球轨道、地球静止轨道和倾斜地球同步轨道（IGSO）卫星。北斗三号的目标是建成全球覆盖的卫星导航系统，提供全球定位、导航、授时服务，以及短报文通信和国际搜救服务等功能。

经过多年的努力，北斗卫星导航系统于2020年6月23日完成了全球组网星座部署，标志着北斗三号全球系统全面建成并开始提供全球服务。

作业与练习

一、单项选择题

1. 地理信息系统的本质是（　　）。
   A. 数据采集、处理与存储　　　B. 空间信息的描述与分析
   C. 图形显示　　　　　　　　　D. 地图制作

2. （　　）是地理信息系统的核心内容。
   A. 计算机硬件　　　　　　　　B. 计算机软件
   C. 地理空间数据　　　　　　　D. 人员

3. 用户输入目的地的坐标或名称后，GPS就会计算最佳路径并提供语音或图像，说明GPS具有（　　）功能。
   A. 定位　　　B. 导航　　　C. 通信　　　D. 授时

4. 用户使用BDS可以在全球范围内获取自己的地理位置，说明BDS具有（　　）功能。
   A. 定位　　　B. 导航　　　C. 通信　　　D. 授时

5. 对于物流运输过程中的异常情况，如车辆故障、货物被盗等，BDS能够及时发出警报，具有（　　）功能。
   A. 车辆跟踪　　　B. 仓储管理　　　C. 货物监控　　　D. 安全防护

二、判断题

1. 跟踪定位技术只能实现小规模和有限个物体之间的跟踪定位。（　　）
2. GPS卫星可连续向用户播发用于进行导航定位的测距信号和导航电文，并接收来自地面监控系统的各种信息和命令。（　　）
3. 北斗卫星导航系统是一个提供全球定位、导航和授时服务的天基系统。（　　）
4. BDS提供的三频信号可以实现比GPS更高的定位精度。（　　）
5. BDS具备短报文通信服务功能，实现了和GPS相同的双向通信。（　　）

三、技能训练题

1. 请列举常用的物流跟踪定位核心技术，并简要说明它们的功能。
2. 假设你是一家物流企业的物流经理，你将如何利用BDS数据、大数据和人工智能技术，并根据实时路况、天气等因素动态调整运输计划？

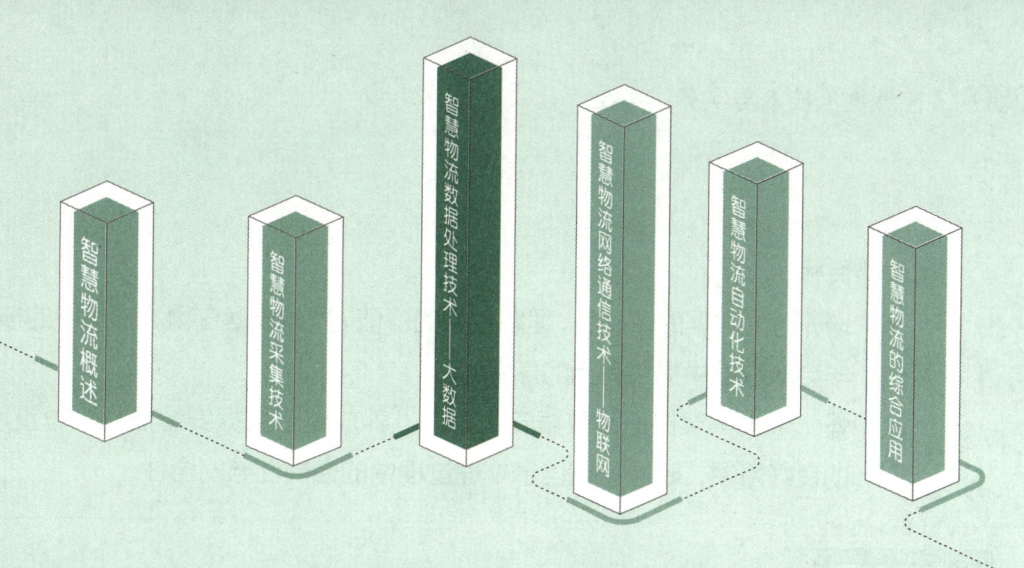

项目三

智慧物流数据处理技术——大数据

> **项目概述**
>
> 　　大数据时代的到来，催生了大数据技术的不断发展。随着大数据采集、存储、检索、预处理和分析等核心技术广泛应用于物流运输和管理各个环节，物流行业面临着深刻的变革与挑战，同时也孕育了前所未有的发展机遇。如何有效整合并挖掘大数据的价值；如何跟进大数据分析、云计算、物联网等先进技术，提升数据处理能力与决策效率，成为亟待解决的难题。
>
> 　　在大数据背景下，物流行业及相关企业借助"大数据+"构建智慧物流，这一举措旨在优化供应链管理、实现运营精细化、有效控制成本并预警风险、实时调整市场策略，从而在激烈的市场竞争中取得优势，推动物流行业的智慧化升级和可持续发展。可以说，物流行业的海量数据与先进的数据信息技术的有机结合，正引发一场深刻的行业革命。

> **学习目标**
>
> **知识目标**
> - 明确大数据的定义、特征及其在智慧物流中的重要性。
> - 了解物流活动中产生的各类数据来源。
> - 知晓大数据背景下智慧物流信息技术的类别。
> - 了解智慧物流业务架构。
>
> **能力目标**
> - 能够基于智慧物流任务的具体目标选择需要调研的数据，确定数据的范围及来源并保证其质量。
> - 能根据物流业务需求选用合适的智慧物流信息技术。

素养目标

- 培养对大数据的敏感度，理解数据的价值，强调数据在物流决策中的核心作用，学会从数据中提炼有用的信息。
- 强化个人信息保护和数据安全意识，养成遵守数据安全法规，尊重用户隐私的良好习惯，确保物流信息处理过程中的合规性与安全性。

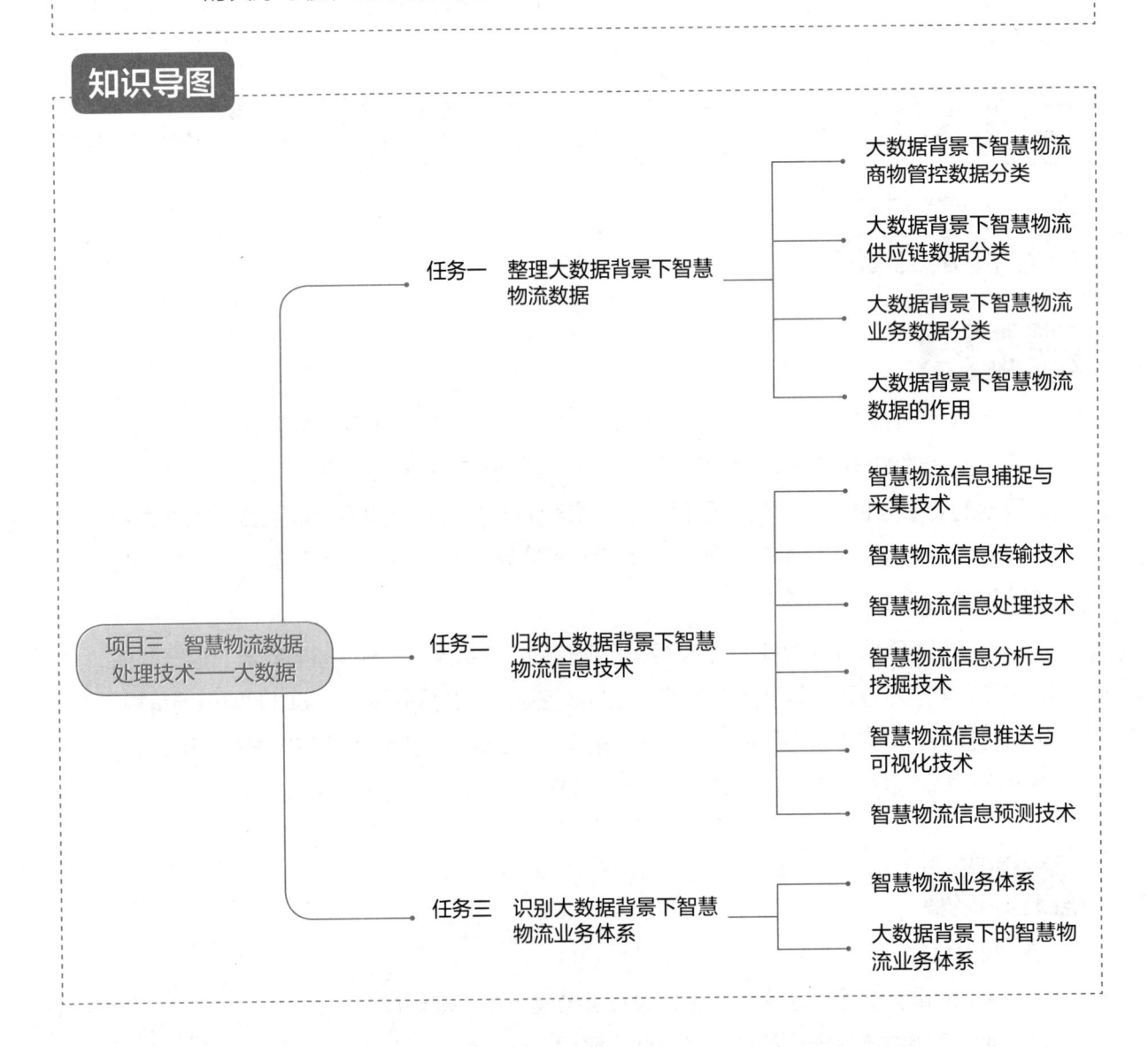

知识导图

项目三　智慧物流数据处理技术——大数据

- 任务一　整理大数据背景下智慧物流数据
  - 大数据背景下智慧物流商物管控数据分类
  - 大数据背景下智慧物流供应链数据分类
  - 大数据背景下智慧物流业务数据分类
  - 大数据背景下智慧物流数据的作用
- 任务二　归纳大数据背景下智慧物流信息技术
  - 智慧物流信息捕捉与采集技术
  - 智慧物流信息传输技术
  - 智慧物流信息处理技术
  - 智慧物流信息分析与挖掘技术
  - 智慧物流信息推送与可视化技术
  - 智慧物流信息预测技术
- 任务三　识别大数据背景下智慧物流业务体系
  - 智慧物流业务体系
  - 大数据背景下的智慧物流业务体系

任务一　整理大数据背景下智慧物流数据

任务描述

物联网、云计算及人工智能等新兴技术的迅速崛起，正在推动着智慧物流成为未来发展的趋势，而智慧物流需要大量的数据支撑。大数据作为海量、高速增长及多样化的信息资产在智慧物流中发挥着关键作用。通过收集和分析物流活动中的各类数据及大数据技术的应用能显著提升物流效率，降低成本，并优化决策过程，推动物流行业的智能化发展。

某物流企业正准备进行智慧化改造，成立大数据部门。请同学们组内分工合作，利用网络和实地调研的方式，搜集数据资料，将企业的历史数据进行分类整理，给出大数据部门的工作范围及其职责，并在课堂上展示汇报。该任务旨在识别物流活动中产生的各类数据来源，明确大数据在智慧物流中的重要意义。

知识准备

随着数据的作用越来越明显，将智慧物流中的海量数据进行有效分类和梳理是构建高效大数据处理系统的关键。智慧物流数据按照商物管控数据、供应链数据和业务数据进行分类，从而实现对智慧物流数据分析整理的目的。智慧物流数据划分见图3-1。

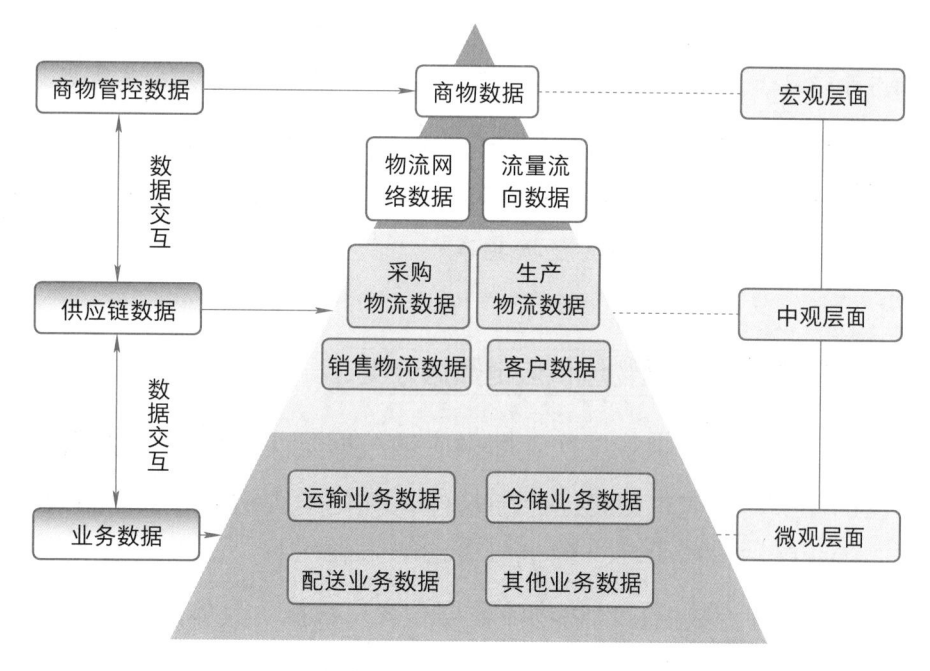

图3-1　智慧物流数据划分

知识点1：大数据背景下智慧物流商物管控数据分类

流通商品的物流即为商物，从流通商品物流这个宏观角度来分析智慧物流数据，能够得到各类商品的流量流向数据，并从宏观上了解智慧物流数据的大体概况，从而能够在宏观上对智慧物流数据进行分析。智慧物流商物管控数据主要包括商物数据、物流网络数据和流量流向数据三个方面，内容见表3-1。

表3-1　智慧物流商物管控数据分类表

分类标准			数据类别
商物数据	产品类型数据	工业产品	重工业产品、化学工业产品、轻工业商品等数据
		农业产品	动物产品、植物产品、微生物产品、其他农业产品等数据
		其他产品	流通商品、服务商品等数据
	商品类型数据	基本生活品类	食品、服装鞋帽、家具和家用电器等数据
		享受品类	私人交通工具、化妆品、中高档商品等数据
		发展品类	贵重金属、稀有商品等数据
	货物类型数据	普通货物	零担货物、整车货物等数据
		特殊货物	长大笨重货物、危险货物、贵重货物、鲜活货物等数据
物流网络数据	物流节点数据		枢纽型节点、资源型节点、集散型节点、综合型节点等数据
	网络数据		基础设施网络、信息网络、能力网络、组织网络等数据
流量流向数据	流量数据		流量分析、流量调控、流量分布、流量优化等数据
	流向数据		流向分析、流向调控、流向分布、流向优化等数据

> **小知识**
>
> 国家发展改革委颁布的《物流业降本增效专项行动方案（2016—2018年）》强调，鼓励政府、企业间的物流大数据共享协作，扶持各类专业化、特色化的物流信息平台创新发展，完善物流行业诚信体系，加强物流业网络安全保障。
>
> 2022年5月17日，国务院办公厅发布了《"十四五"现代物流发展规划》。该规划指出：加强物流公共信息服务平台建设，在确保信息安全的前提下，推动交通运输、公安交管、市场监管等政府部门和铁路、港口、航空等企事业单位向社会开放与物流相关的公共数据，推进公共数据共享。

知识点2：大数据背景下智慧物流供应链数据分类

按照智慧物流数据划分的中观层次，即供应链数据层次，将物流放在供应链中分析，旨在有效统筹生产环节，促进供应链上下游协作，优化销售活动以及整合物流作业，从而实现全方位、一体化的战略性管控。根据供应链的不同环节，可将智慧物流供应链数据分为采购物流数据、生产物流数据、销售物流数据和客户数据，具体内容见表3-2。

表3-2　智慧物流供应链数据分类表

分类标准	定义	数据类别
采购物流数据	包括原材料等一切生产物资的采购、进货运输、仓储、库存管理、用料管理和供应管理过程中产生的数据	供应商基本数据、采购计划数据、原料运输数据、原料仓储数据
生产物流数据	生产工艺流程中物流活动所直接产生的数据	生产计划数据、生产监管数据、生产流程数据、ERP数据
销售物流数据	是指生产企业、流通企业出售商品时，物品在供方与需方之间的实体流动过程中所产生的数据	物流数据、供需数据、订单数据、销售网络数据等
客户数据	是指产品最终送达的客户所拥有或在交互过程中产生的数据	基本数据、客户购买数据、客户偏好数据、客户需求数据

知识点3：大数据背景下智慧物流业务数据分类

智慧物流业务是智慧物流的微观分类标准，从基层的物流业务入手，从微观的角度探究智慧物流的数据情况，得到每个业务的数据结果，从内部梳理智慧物流的数据。物流业务数据分为运输业务数据、仓储业务数据、配送业务数据和其他业务数据。基于物流信息的分类方法，根据各业务过程中数据作用的不同，可将智慧物流中纷繁复杂的业务数据进一步分为基础数据、作业数据、协调控制数据和决策支持数据，见图3-2。

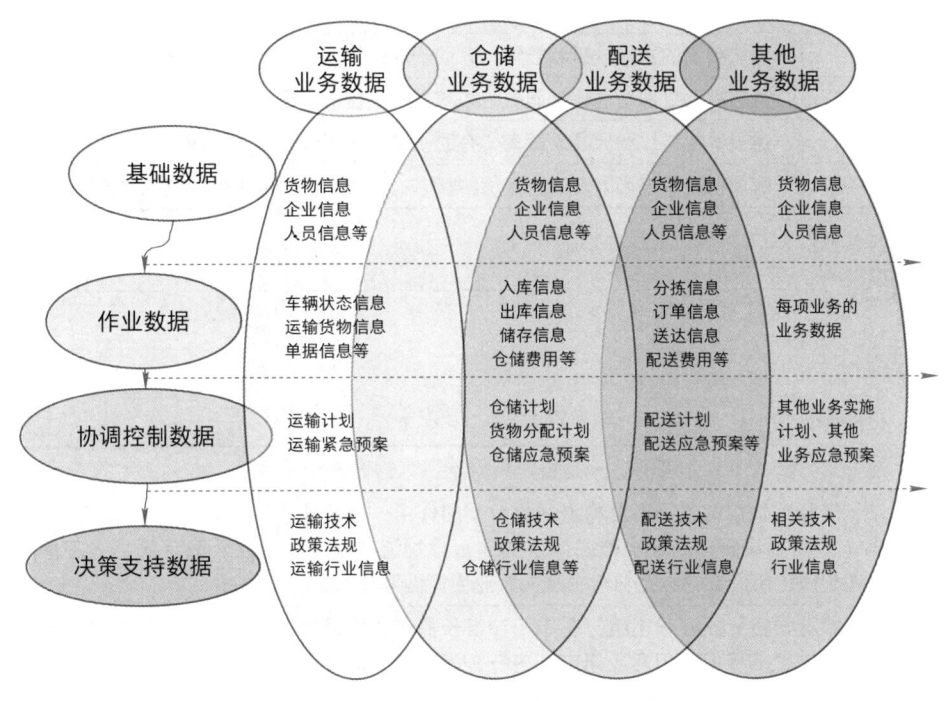

图3-2 智慧物流业务数据分类

> **小知识**
>
> 除了运输、仓储和配送这三大核心业务数据之外，还有包装、流通加工和装卸搬运这三个辅助业务数据。包装数据包括包装材料的选择、包装方式、包装成本等数据。合理的包装可以增强对商品的保护作用，降低运输损耗。流通加工数据涉及商品在流通过程中的加工活动，如分拣、打包、贴标签等。对流通加工数据进行深入分析有助于提高加工效率，降低错误发生率。

知识点4：大数据背景下智慧物流数据的作用

在信息技术飞速发展的背景下，大数据已经成为推动众多行业创新和转型的关键因素。大数据与智慧物流的融合代表了物流行业的一场深刻变革，旨在通过先进的信息技术优化物流的每一个环节，提高效率、降低成本并增强客户体验。智慧物流数据的作用和价值是多方面的，具体内容见表3-3。

表3-3 智慧物流数据的主要作用

作用	描述
优化运输路线和配送时间	通过对历史物流数据的分析，可预测最优的运输路线和配送时间，减少延误并提高客户满意度
调整市场策略	帮助企业及时响应市场变化，根据供需情况调整市场策略，发现商机
提升仓储管理效率	结合大数据技术，智慧物流能够优化库存部署策略，减少库存积压，提高仓储空间的利用率
实现物流环节的精细化管理	利用智能硬件、物联网等技术手段，实现物流各环节的动态化、可视化管理，提高物流系统的智能化分析决策能力
提高物流运作效率	智慧物流通过自动化操作执行，减少人为错误，提升整个物流系统的运作效率
降低物流成本	通过精确的数据分析和管理，有助于降低物流成本，提高企业竞争力
增强客户体验	能够提供更加个性化的服务，如精准的送货时间预测，增强客户体验
促进环境可持续性	通过优化路线和提高装载率，有助于减少能源消耗和碳排放，促进环境保护
支持实时监控和应对	智慧物流系统可以实时监控货物状态，快速响应突发事件，确保物流安全

任务实施

任务单见表3-4。

表3-4 任务单

任务：分类整理某物流公司的历史数据			
任务目的	通过活动，知晓大数据背景下智慧物流每类数据的作用，分析比较每类数据的应用范围，能够根据智慧物流实际任务选择需要调研的数据。鼓励学生关注智慧物流技术（物联网、云计算、人工智能等）的发展趋势，为将来在物流、供应链或数据分析领域的职业生涯做准备	
任务组织	根据班级人数将学生分成若干小组，各小组在组长的带领下通过网络和实地调研的方式搜集资料，将所调研公司的智慧物流数据根据作用和应用范围进行分类整理，形成以"××物流公司历史数据分类及大数据部门工作范围及职责"为主题的PPT并进行演讲汇报	
任务流程	任务环节	核心要点
	教师介绍本任务的内容、要求及注意事项	（1）明确活动目的、要求和预期成果。介绍"××物流公司历史数据分类及大数据部门工作范围及职责"主题的重要性和意义，解释数据分类整理的流程、原则、方法及PPT制作和演讲的基本技巧 （2）为学生提供必要的学习资源和工具，如相关文献、数据库访问权限等；持续监测学生学习并给予建设性反馈，帮助学生调整研究方向或方法，确保任务顺利推进 （3）调查结束后，指导学生优化调研成果，反思整个调查过程，总结经验教训
	学生开展活动、每组展示任务成果	（1）数据收集与整理。各小组通过网络、图书馆、企业年报、公开数据库等多种渠道搜集目标物流公司的历史数据；使用电子表格或数据处理软件，去除重复项、填补缺失值、校正错误信息等，确保数据质量 （2）数据分类分析。小组讨论确定数据分类的标准，如按时间序列、业务流程（收货、存储、配送等）、成本类别等进行分类，并识别数据间的关联、趋势和潜在问题 （3）成果展示与交流。制作PPT，总结其数据分类整理过程、主要发现、分析结论和建议；各小组轮流进行演讲，展示研究成果
	教师点评	（1）学生是否理解了任务要求，重点关注数据分类的合理性、数据处理的准确性和分析的深度，是否达成了学习目标 （2）观察学生沟通协调、任务分配与执行及团队整体协同作业方面的实际表现 （3）鼓励学生展现创新思维，如对问题的独特见解或解决方案，并评估他们是否能针对发现的问题提出有价值的改进建议

（续）

任务流程	任务环节	核心要点
	教师点评	（4）评估学生在PPT制作和演讲汇报中的表现，关注他们是否能清晰、准确地传达分析结果和思考过程
	教师总结	通过活动锻炼了学生数据收集、整理、分类的技能，加强了他们对物流业务流程的深刻理解及对数据的敏感性；加深了学生对物流行业数据管理重要性的认识，为他们将来在职业生涯中有效解决实际问题打下坚实的基础
考核要求		本任务的考核主要以小组为单位进行，考核的主要内容包括能否有效搜集并整理历史数据；能否依据物流业务逻辑进行合理分类并揭示数据背后的趋势与问题，同时提出可行性建议；小组成员的参与协作情况；PPT及演讲是否条理清晰地展示了研究成果。最后将本任务的相关材料归档

任务评价

任务评价表见表3-5。

表3-5 "分类整理某物流公司的历史数据"任务评价表

评价项目	分值	评价标准	自评（20%）	他评（30%）	师评（50%）	实际得分
内容完整性	30	介绍调查企业的业务范围、分析历史数据，并给出大数据部门的工作范围和职责				
历史数据收集	20	准确描述每种数据分类及其作用				
历史数据分析及归类	20	能对调研得到的数据进行正确归类				
大数据部门的工作范围及其职责	15	有针对性地给出大数据部门的工作范围及其职责，给出相应参考意见				
演讲与表达能力	15	仪容仪表自然大方，语言表达流畅、准确				
		合计				

拓展阅读

大数据技术在智慧物流中的应用

大数据技术在智慧物流领域的应用呈现出越来越广泛的趋势。在供应链智慧化、货物跟踪管理和货车路线规划等方面，大数据技术都可以发挥重要的作用。在大数据技术的支持下，智慧物流将会在未来的发展中取得更加辉煌的成果。

例如，某物流公司通过应用大数据技术，将分散的信息整合到一个平台上，实现了供应链信息的一体化管理，包括供应商的材料库存管理、生产商的生产计划管理，以及物流的货运管理。通过对这些数据的综合分析，该物流公司可以更好地掌握整个供应链中的信息和运营状态，实现供应链的优化运营。

作业与练习

一、单项选择题

1. 将智慧物流过程中海量的数据进行采集、存储和（　　）是将大数据应用到智慧物流中的关键。

   A. 观察　　　　B. 归纳　　　　C. 分析　　　　D. 整理

2. 本书中智慧数据的分类不包括（　　）。

   A. 商物管控数据　　　　　　　　B. 业务数据
   C. 供应链数据　　　　　　　　　D. 反向物流数据

3. 智慧物流商物管控数据主要包括商物数据、（　　）和流量流向数据三个方面。

   A. 物流网络数据　　　　　　　　B. 物流业务数据
   C. 供应链物流数据　　　　　　　D. 反向物流数据

4. 以下不属于物流节点数据的是（　　）。

   A. 集散型节点数据　　　　　　　B. 枢纽型节点数据
   C. 存储型节点数据　　　　　　　D. 资源型节点数据

5. 根据智慧物流各业务过程中（　　），可将智慧物流中纷繁复杂的业务数据分为基础数据、作业数据、协调控制数据和决策支持数据。

   A. 数据范围的不同　　　　　　　B. 数据类型的不同
   C. 数据结构的不同　　　　　　　D. 数据作用的不同

二、判断题

1. 根据供应链的不同环节，可将智慧物流供应链数据分为采购物流数据、生产物流数据、销售物流数据和回收数据。（　　）

2. 流通商品的物流即为商物，从流通商品物流这个微观角度来分析智慧物流数据。（　　）

3. 智慧物流网络与一般网络不同，在智慧物流网络中，货物是不断流通的，因此就产生了货物流量和流向数据。（　　）

4. 销售物流数据是指生产企业、流通企业出售商品时，物品在供方与需方之间的实体流动过程中所产生的数据。（　　）

5. 按照类型的不同，智慧物流运输数据分为运输基础数据、运输作业数据、运输协调控制数据和运输决策支持数据等4类。（　　）

三、技能训练题

1. 智慧物流网络中，商物管控数据包括哪些关键部分？请列举至少三项，并解释其在物流管理中的作用。
2. 假设你是一家智慧物流公司的大数据专员，你准备从哪些方面着手了解本物流公司全部业务数据？

任务二　归纳大数据背景下智慧物流信息技术

任务描述

"中国制造2025"的提出，强调了利用物联信息系统将生产中的供应、制造、销售信息数据化、智慧化，最后达到快速、有效、个性化的产品供应。对于物流科技而言，即整合传统和新兴科技，以互联网、大数据、云计算、物联网等现代信息技术提升物流智能化程度，增强供应链柔性。

某物流公司正准备进行智慧物流升级，智慧物流部门经理决定让员工集思广益。请同学们以小组为单位，组内分工合作，利用网络和实地调研的方式，根据具体的实际需求，选择并应用合适的智慧物流信息技术解决方案。

知识准备

智慧物流信息技术是指在现代物流体系中，利用一系列先进的信息技术手段，如物联网、大数据、云计算、人工智能、机器学习、区块链等，对物流活动的各个环节进行深度整合和智能化改造，实现物流系统的高效运作和优化管理的技术体系。

依据大数据对物流信息处理流程，大数据背景下的智慧物流信息技术主要分为智慧物流信息捕捉与采集技术、智慧物流信息传输技术、智慧物流信息处理技术、智慧物流信息分析与挖掘技术、智慧物流信息推送与可视化技术以及智慧物流信息预测技术等6个方面。

知识点1：智慧物流信息捕捉与采集技术

在大数据背景下，智慧物流信息捕捉与采集技术基于商品类型、物流业务角度，专注于在更广域的超大体量数据环境中，如企业营销数据、信息检索数据、Web搜索数据等，对智慧物流领域内的商品数量分布、需求分布、商品来源等海量信息进行实时、准确、高效的获取和记录。智慧物流信息捕捉与采集技术旨在实现物流过程的信息透明化和智能化,提升物流效率和服务质量,是智能物流系统的关键性环节。其具体内容见表3-6。

表3-6 智慧物流信息捕捉与采集技术

组成	关键技术	作用
物联网感知技术	传感器网络、RFID标签、GPS定位系统	自动捕获状态信息,如位置、环境条件(温度、湿度)、速度、时间戳等动态数据
自动识别技术	条码扫描以及RFID读写器	标识和追踪物品,确保供应链中的实物流动与信息流同步
移动通信与数据采集技术	智能手机、手持终端设备和车载智能系统	在现场作业过程中实时更新货物装卸、交接、运输等环节的状态信息
大数据技术	云计算平台	整合、分析信息,发现规律,预测趋势,实现资源优化配置,为决策支持提供依据
人工智能图像识别与视频监控	图像、视频识别与理解技术	自动化统计货品数量、监测工作流程、预防安全风险等
集成信息系统	ERP、WMS、TMS(Transportation Management System,运输管理系统)等各类物流软件系统	有效建立起可视化的仓储管理、订单管理、车辆管理系统

知识点2:智慧物流信息传输技术

在智慧物流体系中,通过采用移动通信网络、互联网、无线传感器网络等网络传输技术为信息传输提供硬件保障。同时,在大数据背景下,智慧物流信息采集过程将实体"物"转化为信息和数据传输到网络环境中,再通过通信网络、无线或有线网络将感知信息传递至智慧物流应用平台。在智慧物流运行过程中,通过信息传输技术将信息传递至"人"并对信息进行相应的处理和应用,保证信息数据能够正确地在人与物或物与物之间进行传输,从而完成信息传输过程中的复杂交互。其具体内容见表3-7。

表3-7 智慧物流信息传输技术

组成	关键技术	作用
物联网技术	RFID、GPS、传感器网络、条码等	实时收集货物的位置、状态、环境参数等数据,然后通过无线通信网络上传至云端或数据中心
移动通信技术	4G/5G移动通信、Wi-Fi(无线网络通信技术)、蓝牙以及LPWAN(低功耗广域网络)等	确保物流环节中各种智能设备间的高效、稳定连接和数据传输
云计算与边缘计算	云计算技术、边缘计算技术	提供强大的数据处理能力和存储空间,支持远程数据交换和分析,可实现在靠近数据源头的地方进行实时计算和预处理,减少延迟
大数据技术	无线通信、边缘计算、云服务与分布式存储、数据加密与安全传输协议等	实现对物流过程的精准监控、预测和优化
API接口与数据交换标准	EDI(电子数据交换)、XML(可扩展标记语言)、JSON(JavaScript对象表示法)等	促进不同信息系统之间的数据互联互通
区块链技术	分布式账本、智能合约、加密算法等	实现物流信息的安全共享、透明追溯及不可篡改记录
人工智能与机器学习算法	人工智能、机器学习算法	用于自动解析物流数据,提供决策支持

知识点 3：智慧物流信息处理技术

智慧物流信息处理技术通过建立智慧物流数据仓库，构建智慧物流云计算平台，以及对智慧物流信息实时处理，完成智慧物流信息的存储、计算与实时流处理，为智慧物流提供了完备的数据准备。其具体内容见表3-8。

表3-8　智慧物流信息处理技术

组成	定义	作用
智慧物流数据仓库	利用Hive、Hadoop DB、Hadapt等技术，完成数据集成化收集和处理	主要解决数据的提取、集成及数据的性能优化等问题
智慧物流云计算平台	是一种基于云计算技术的先进物流信息系统，它将物流业务相关的各种信息资源集成到云端，通过互联网和物联网技术实时收集、存储、处理和分析大量数据	减少投资和使用成本，降低智能物流管理信息化门槛
智慧物流信息实时处理	利用Hadoop平台，Flume、Kafka等开源技术，完成数据实时存储、实时计算、实时分析等内容	为挖掘数据价值、完成价值支付、与其他在线生产系统进行数据对接（数据反哺）提供基础

知识点 4：智慧物流信息分析与挖掘技术

智慧物流信息分析与挖掘技术通过对物流数据进行关联分析、聚类分析等数据挖掘，可以实现物流客户关系分析、商品关联分析、物流市场信息聚类分析等功能，为智慧物流的运营与发展提供有效的分析与决策支持。其具体内容见表3-9。

表3-9　智慧物流信息分析与挖掘技术

组成	定义	意义
智慧物流客户关系分析	在智慧物流体系中，运用数据挖掘、人工智能、大数据分析等手段，探索、分析客户的行为模式、需求偏好、满意度及潜在价值等，实现企业与客户间紧密、高效的合作关系	数据挖掘技术与物流信息系统相结合，拥有处理海量数据能力及自我学习能力，能够优化客户服务体验，提高客户忠诚度
智慧物流商品关联分析	在物流领域中，这种分析旨在通过对历史销售数据、客户行为数据以及其他相关业务信息的分析，找出不同商品之间的关联性模式	合理安排货架，有效提高分拣效率
智慧物流市场信息聚类分析	它是一种运用大数据和智能算法技术，对海量的物流市场数据进行分类、分组和模式识别的方法，以挖掘潜在市场结构、客户需求特征、行业发展趋势以及竞争态势等信息	理解市场格局、优化决策并提升竞争力

知识点 5：智慧物流信息推送与可视化技术

智慧物流信息推送技术是一种智能化的信息传播方式，当关键业务事件发生或达到预设条件时，系统自动将相关信息以短信、邮件、App通知等形式推送给相应的管理人员、操作人员或客户，确保各方能够及时了解物流动态。而智慧物流信息可视化技术可将复杂且大量的物流数据转化为直观易懂的图形化界面，使用户可以快速理解并把握整个物流系统的运行状况。其内容见表3-10。

表3-10 智慧物流信息推送与可视化技术

组成		意义
智慧物流信息推送技术	基于供应链的智慧物流信息推送	通过对物流信息的实时掌控与推送,实现供应链业务的高效、快捷
	基于商品的智慧物流信息推送	根据消费者购物习惯、消费倾向等,为消费者提供合适的商品信息
智慧物流信息可视化技术	地图可视化	利用GIS展示车辆轨迹、配送路线、网点分布等空间信息,实现物流运输过程的全程可视化监控
	供应链可视化	通过图表、仪表盘等形式动态呈现供应链各环节的状态和流程,如库存水平、订单进度、在途货物量等关键指标
	数据交互式可视化	开发Web端或移动端的交互式界面,支持用户自由筛选、查询和探索数据,以便快速理解复杂的物流运作状态和趋势

知识点6:智慧物流信息预测技术

智慧物流信息预测技术是指利用大数据、人工智能、云计算等先进技术手段,对物流活动中的各类信息进行深度挖掘、分析和模型构建,从而实现对未来物流需求、物流流量、物流效率、物流成本以及可能出现的异常情况等进行精准预测的一种技术。其具体内容见表3-11。

表3-11 智慧物流信息预测技术

组成	内容
智慧物流业务管理预测	在大数据背景下,智慧物流业务管理预测以实现物流各个环节业务预测的信息化、数字化、可视化、智能化为目的,涵盖物流配送业务、运输业务、仓储业务等方面,达到物流配送路线优化、预测性运输和仓储的动态管理
智慧物流供应链预测	对产品设计、原料采购、产品生产、订单管理、产品销售以及协同的各个环节进行更为翔实的动态掌控
智慧物流商物预测	对货物的品类、流量流向、供需平衡等进行预测

任务实施

任务单见表3-12。

表3-12 任务单

	任务:开展头脑风暴,制定智慧物流信息技术方案	
任务目的	学生能够根据具体的实际需求(如分析特定案例或模拟公司的物流情境),选择并应用合适的智慧物流信息技术解决方案,进一步认识大数据背景下的智慧物流信息技术;同时,在合作过程中,体验团队合作的快乐,树立细致、严谨的工作作风。培养学生主动学习和解决问题的能力	
任务组织	将学生分成小组,每组以5~6人为宜,确保组内成员具有不同的背景和能力。指定一名组长负责组织讨论活动,一名记录员负责记录所有观点	
任务流程	任务环节	核心要点
	教师介绍本任务的内容、要求及注意事项	(1)明确任务目标,即通过分析特定案例或模拟公司物流情境,识别需求并选择合适的技术解决方案 (2)向学生介绍头脑风暴的基本规则,如"禁止批评任何想法""鼓励自由联想""数量优先于质量"等,以营造开放、积极的讨论氛围 (3)选择或创造一个具体的物流案例或模拟情境,确保它具有一定的挑战性和代表性。简要介绍案例背景、面临的物流问题和改进目标

（续）

	任务环节	核心要点
任务流程	学生开展活动、每组展示任务成果	（1）组内共同明确需要解决的具体问题，可以是单一问题，也可以是多个相关联的问题。但要保证问题清晰、具体 （2）在正式的头脑风暴阶段，鼓励组员围绕问题快速提出任何可能的解决方案或相关想法，做到不打断、不评判，记录所有想法 （3）在积累了大量想法的基础上，小组开始筛选与智慧物流信息技术相关的解决方案。讨论哪些技术（如IoT、大数据、AI、自动化等）可以直接或间接解决已识别的物流问题 （4）对于每个选定的技术，小组进一步讨论其应用方式、实施步骤、预期效果、可能遇到的挑战及解决方案。鼓励创新思维，探索技术的组合使用 （5）在方案展示阶段，每组选择一名代表向全班展示他们的发现和解决方案，包括问题分析、选定的技术、实施细节等内容 （6）展示结束后，进入互动讨论环节，老师和同学们可以提出问题和建议，进行积极的交流和思想碰撞
	教师点评	教师对团队在头脑风暴过程中展现出的创新思维、对需求的分析和把握、智慧物流解决方案的可行性及实用性、讨论中的互动参与度及想法、沟通技巧与表达清晰度等维度进行点评，并给予反馈。可以设立奖励机制，以激励学生积极参与和创新
	教师总结	通过活动，学生有机会探索如何在实际物流情境中识别问题并考虑合适的技术方案。同时，此次活动也为大家提供了提升团队协作、创新思维和表达能力的机会
考核要求		本任务的考核主要以小组为单位进行，考核的主要内容包括小组成员的参与协作情况、发言材料的准备情况、语言表达情况、与理论知识的结合程度、发言效果等。根据各小组的表现，评选出优秀小组和最佳发言人。最后将本任务的相关材料归档

任务评价

任务评价表见表3-13。

表3-13 "开展头脑风暴，制定智慧物流信息技术方案"任务评价表

评价项目	分值	评价标准	自评（20%）	他评（30%）	师评（50%）	实际得分
方案完整性	30	全面介绍特定案例或模拟公司目前的信息技术状况、未来的发展计划以及具体措施				
历史数据分析	20	能对调研得到的资料进行分析归纳，从而准确识别相关需求				
方案可行性与实用性	20	能够根据实际需要选用合适的智慧物流信息技术，对选定的技术方案进行了充分的可行性分析，提出的方法具有较强的实用性				
创新思维	15	对于选定的技术，小组能够提出创新的应用方式、实施步骤，并探索技术的组合使用				
沟通技巧与表达清晰度	15	小组成员能够清晰、准确地表达自己的观点和想法；善于倾听他人意见，能够运用有效的沟通技巧进行交流				
合计						

拓展阅读

宿迁电商物流的"智慧之路"

在大数据时代，宿迁电商物流园区运用数字化信息平台，通过RFID、传感器、移动通信技术等手段，实现了货物配送的自动化、信息化和网络化，在管理订单发货和物流效率方面都达到了很高的水准。园区通过智能调度算法和路线规划等技术，自动优化配送路线，实现订单从下单到发货的平均处理时间从2.4h缩短到45min，物流成本下降30%以上。通过RFID技术与传感器网络的深度融合，物流系统、生产系统、采购系统与销售系统实现了智能整合，完全智慧地融入企业经营之中，不仅打破了工序壁垒，还提高了订单发货效率，开辟了一条"智慧之路"。

作业与练习

一、单项选择题

1. 依据大数据对物流信息处理流程，大数据背景下的智慧物流信息技术主要分为智慧物流信息捕捉与采集技术、（　　）、智慧物流信息处理技术、智慧物流信息分析与挖掘技术、智慧物流信息推送与可视化技术以及智慧物流信息预测技术等6个方面。

　　A. 智慧物流信息挖掘技术　　　　B. 智慧物流信息传输技术
　　C. 智慧物流信息采集技术　　　　D. 智慧物流信息发明技术

2. 在大数据背景下，（　　）基于商品类型、物流业务角度，专注于在更广域的超大体量数据环境中，对智慧物流领域内的商品数量分布、需求分布、商品来源等海量信息进行实时、准确、高效的获取和记录。

　　A. 智慧物流信息处理技术　　　　B. 智慧物流信息分析技术
　　C. 智慧物流信息捕捉与采集技术　D. 智慧物流信息预测技术

3. 基于供应链的（　　），即通过对物流信息的实时掌控与推送，实现供应链业务的高效、快捷。

　　A. 智慧物流信息推送　　　　　　B. 智慧物流信息分析技术
　　C. 智慧物流信息捕捉技术　　　　D. 智慧物流信息预测技术

4. 通过对物流数据进行关联分析、聚类分析等数据挖掘，可以实现物流客户关系分析、（　　）、物流市场信息聚类分析等功能，为智慧物流的运营与发展提供有效的分析与决策支持。

  A. 商品品种分析　　　　　　　　B. 商品类型分析
  C. 商品数量分析　　　　　　　　D. 商品关联分析

5. 在大数据背景下，智慧物流业务管理预测以实现物流各个环节业务预测的信息化、数字化、可视化、（　　）为目的。

  A. 智能化　　B. 便捷化　　C. 现代化　　D. 自动化

二、判断题

1. 编码、定位、数据库、无线传感网络、卫星技术等高新技术的应用会产生海量数据，贯穿物流全过程。（　　）

2. 为了实现"以经济为中心"的要求，在准确分析供需关系和商品流量流向的条件下，力求在所发布的内容上符合个性化需求，即有针对性地为用户选择符合其消费心理和习惯的商品信息。（　　）

3. 数据信息技术主要是对数据进行集成化收集和处理，不断地对信息系统中的数据进行整理，为决策者提供决策支持。（　　）

4. 利用数据挖掘技术对物流市场数据进行关联分析，能够有效帮助物流企业规避风险、做出合理决策。（　　）

5. 在大数据背景下，智慧物流供应链从产品设计、原料采购、产品生产、订单管理、产品销售以及协同的各个环节，都能够运用大数据预测技术对其各环节进行更为翔实的动态掌控。（　　）

三、技能训练题

1. 在大数据背景下，智慧物流信息技术有哪些？举例说明每种技术具体包括哪些内容。

2. 某电商企业面临以下挑战：①订单量激增。由于企业开展促销活动，订单量比平时增加了3倍，导致仓库拣选效率低下，出错率上升。②库存管理不透明。商品种类繁多，库存管理混乱，难以实时掌握各商品的确切位置和数量。③配送延迟。配送路线规划不合理，加上城市交通拥堵，导致配送延误频繁，客户满意度下降。

请你为该电商企业设计一套智慧物流信息技术解决方案。

任务三　识别大数据背景下智慧物流业务体系

任务描述

在大数据背景下，我国智慧物流业务体系的建立和发展，既能够持续提高物流行业的运作效率，也能够明显提高企业的投资回报率和客户服务满意度。我国发展到一定规模且具有较强经济实力的物流企业将大数据、云计算、互联网等技术引入物流领域，推动智慧物流体系逐步发展，物流行业的智能化水平明显提高。

请同学们以小组为单位，组内分工合作，选择一家成熟的智慧物流公司，利用网络和实地调研等方式，以思维导图的形式介绍所调研公司的智慧物流体系及其优缺点，并在课堂上展示汇报。

知识准备

大数据背景下，我国智慧物流业务体系的建立是推动物流行业发展的有效途径。大数据技术的日益成熟，对物流产业产生的影响力逐渐扩大。

知识点1：智慧物流业务体系

物流业务体系以物流业务为核心，以保证各项物流业务运行的所有相关因素为支撑，在各要素有机结合下完成高效、低耗的物流活动。物流业务体系随着物流业的发展而不断更新与迭代。我国物流业务体系的发展历程——从基础服务到供应链集成，再到智能化升级——展现了物流行业对效率、协同与创新的不懈追求。在这一演变过程中，物流业务体系不仅规模扩大，功能深化，而且技术应用和管理理念也实现了质的飞跃。

从宏观和微观两个层面来看，智慧物流业务体系沿着"智慧供应链物流管理"和"智慧物流业务管理"两条路线展开。

1. 智慧供应链物流管理

从宏观层面来看，智慧物流业务管理是指运用智能化信息技术对供应链物流（采购物流、生产物流、销售物流）和客户服务进行一体化管理，即智慧供应链物流管理。在整个管理过程中，智慧物流联合云制造、云销售等技术，对采购物流数据、生产物流数据、销售物流数据和客户数据进行采集、分析、智能化决策，实现云制造、云销售和云物流的供应链一体化管理。宏观层面智慧供应链物流业务体系见图3-3。

```
                    ┌──────────────┐  ┌──────────────┐  ┌──────────────┐  ┌──────────────┐
                    │ 供应链协同管理 │  │ 供应链资源整合 │  │ 供应链信息集合 │  │  供应链金融   │
                    └──────▲───────┘  └──────▲───────┘  └──────▲───────┘  └──────▲───────┘
辅助      ┌─────────────────┴──────────────────┴──────────────────┴──────────────────┴──────┐
业务 ───▶ │                         为供应链节点企业提供一体化物流管理                        │
          └────────────────────────────────────────────────────────────────────────────────┘
增值      ┌────────────────────────────────────────────────────────────────────────────────┐
业务 ───▶ │     为供应链节点企业提供征信管理、数据管理、绩效评价等辅助业务，对核心业务提供辅助支持     │
          └────────────────────────────────────────────────────────────────────────────────┘
```

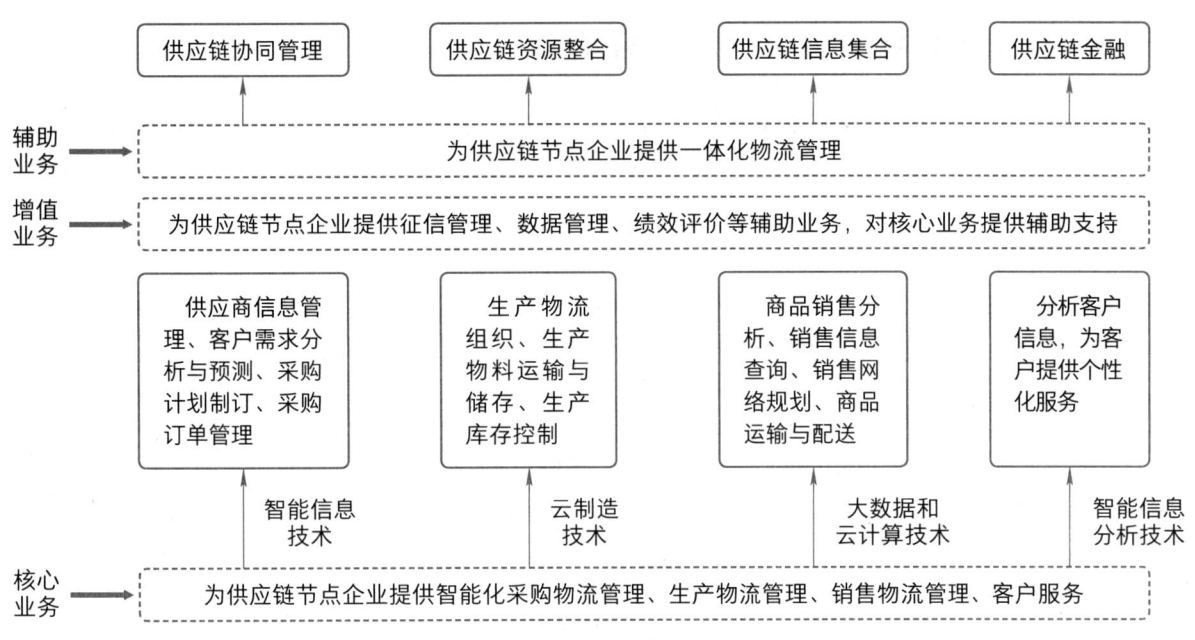

图3-3　宏观层面智慧供应链物流业务体系

2. 智慧物流业务管理

从微观层面来看，智慧物流业务管理是指运用物联网、云计算、大数据、移动互联网、人工智能等智能化信息技术，对基本物流业务进行管理，即智慧物流业务管理。它主要聚焦于企业内部及其直接关联的物流活动和流程的智能化改造与优化。核心业务主要是智能运输、智能仓储、智能配送和信息控制；辅助业务主要是智能包装、智能装卸搬运和智能加工；增值业务主要是物流体系设计与优化、物流状态实时查询、物流过程智能化控制、智能结算与支付等业务。具体内容见表3-14。

表3-14　微观层面智慧物流业务管理

组成部分		定义与特点
核心业务	智能运输	将智能化信息技术应用于物流运输系统，实现运输路线实时规划与货物追踪，运输单据至结算的全自动化管理，提供运输过程的可视化与智能控制
	智能仓储	运用自动分拣系统与智能化信息技术，自动管理出入库信息，实时监控库存，自动盘点，实现仓储作业云端化管理（云仓储）
	智能配送	利用感知技术捕捉外部环境数据，动态调整配送方案，实施灵活高效的配送服务
	信息控制	实现对物流各环节信息的全面感知、精确采集、安全传输及智能化控制，升级信息流管理，提升供应链响应速度与精确度
辅助业务	智能包装	根据货物属性、成本、环保等自动选择包装方案，提高包装效率和效果
	智能装卸搬运	利用智能设备与系统实现装卸搬运自动化，与其他物流系统无缝对接，提升运作一体化水平
	智能加工	在流通环节应用智能技术进行贴签、配货、选装，提升物流效率
增值业务	物流体系设计与优化	基于数据分析优化物流网络设计，提升整体物流效率
	物流状态实时查询	提供实时物流信息查询服务，增强客户体验
	物流过程智能化控制	深度应用智能技术，实现物流流程的精细控制与优化
	智能结算与支付	自动化处理费用结算与支付流程，提高结算效率与准确性

知识点2：大数据背景下的智慧物流业务体系

基于智慧物流业务体系的业务和技术分析，以及大数据对智慧物流业务体系的影响，大数据背景下的智慧物流业务体系由业务层、应用层、技术环境、支撑环境4个部分构成。

1. 业务层

业务层包括核心业务层、辅助业务层和增值业务层。核心业务层是智慧物流业务体系的主导；辅助业务层位于核心业务层之下，为各项核心业务提供辅助支持；增值业务层是核心业务层和辅助业务层的延伸。

（1）核心业务层。核心业务层包括智慧供应链物流管理、智慧物流基本业务管理以及信息全域控制业务。运用大数据技术对采购物流、生产物流、销售物流的数据以及客户数据进行采集和分析，实现供应链物流一体化管理；对物流信息进行全面感知、安全传输和智能控制，实现物流业务体系中各个要素互联互通，提高整个物流过程的敏捷性和精准性。

（2）辅助业务层。辅助业务层包括征信管理、数据管理、绩效评价、智能包装、智能加工、智能装卸与搬运等业务。运用大数据技术能够对供应链物流管理和物流业务管理中的各项辅助性业务数据进行储存、筛选、分析，获得有价值的数据，与核心业务数据对接，助力核心业务，使整个物流过程更加智能化。

（3）增值业务层。增值业务层包括供应链协同管理、供应链信息集成、供应链资源整合、供应链金融、物流体系设计与优化、物流状态实时查询、物流过程智能化控制、智能结算和自动支付等业务。大数据技术对整个供应链的采购数据、生产数据、销售数据、客户数据进行实时、精确、全面跟踪，挖掘有价值的数据，进行供应链信息集成和有效资源整合，实现供应链协同管理。基于大数据的物流信息平台可以获取物流实时数据，实现物流过程可视化管理，可以解决物流系统优化中的数据采集、数据集成、复杂计算和支持过程优化等问题。

2. 应用层

应用层是智慧物流业务层（核心业务层、辅助业务层和增值业务层）中各项业务所服务的领域，以实现物流业务的应用价值。智慧物流业务在应用层各个领域根据特定物流需求和物流环境开展业务活动。根据不同的分类标准，可将智慧物流业务分为不同类型，见表3-15。

表3-15 智慧物流业务分类表

分类标准	具体类别
服务对象	企业物流、行业物流、社会物流
货物性质	普通货物物流、大宗货物物流、长大货物物流、危险品物流、冷鲜物流
运输方式	铁路物流、公路物流、水路物流、航空物流、管道物流、多式联运物流
物流服务范围	区域物流、国内物流、国际物流

3. 技术环境

智慧物流业务体系需要大数据及其相关技术的支持，物流信息的全面感知是建设智慧物流系统的前提。

4. 支撑环境

支撑环境为智慧物流业务开展提供必要的支持，同时也为大数据技术在物流中的应用提供实施条件与基础。支撑环境的构成及作用见图3-4。

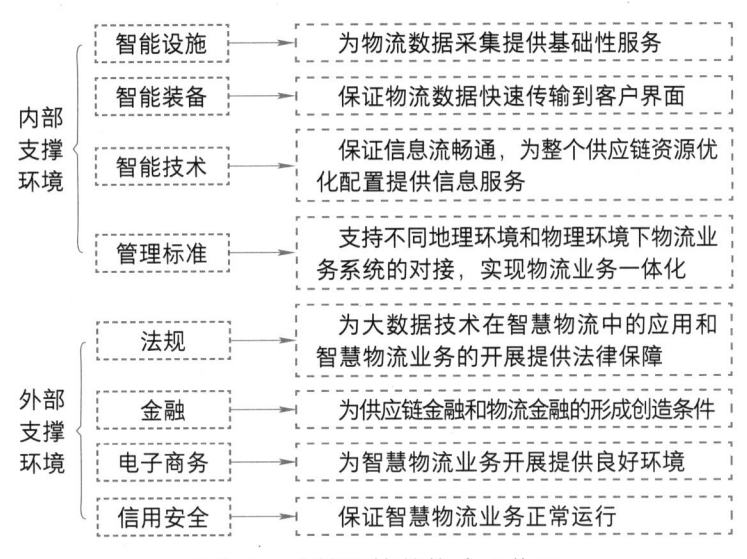

内部支撑环境：
- 智能设施 → 为物流数据采集提供基础性服务
- 智能装备 → 保证物流数据快速传输到客户界面
- 智能技术 → 保证信息流畅通，为整个供应链资源优化配置提供信息服务
- 管理标准 → 支持不同地理环境和物理环境下物流业务系统的对接，实现物流业务一体化

外部支撑环境：
- 法规 → 为大数据技术在智慧物流中的应用和智慧物流业务的开展提供法律保障
- 金融 → 为供应链金融和物流金融的形成创造条件
- 电子商务 → 为智慧物流业务开展提供良好环境
- 信用安全 → 保证智慧物流业务正常运行

图3-4　支撑环境的构成及作用

智慧物流的目标是以客户为中心，为客户提供高效、快捷的物流服务。大数据背景下，智慧物流业务运营一体化、可视化、智能化、协同化，业务数据运营网络化、实时化、标准化、安全化。智慧物流业务运营和数据运营完成了实时、快速的交互，使智慧物流业务体系整体运营高效有序，最终为客户提供一体化、可视化、精准化、网络化、移动化、智能化的智慧物流服务。

任务实施

任务单见表3-16。

表3-16　任务单

任务：介绍某物流公司智慧物流业务体系及其优缺点			
任务目的	能从宏观和微观概括智慧物流业务体系的构成，阐述智慧物流核心业务层具体内容；能够具体分析智慧物流业务体系的优缺点。鼓励学生关注智慧物流体系的发展态势，培养学生主动学习和解决问题的能力		
任务组织	根据班级人数将学生分成若干小组，各小组在组长的带领下通过网络和实地调研的方式搜集资料，将所调研公司的智慧物流数据根据作用和应用范围进行分类与整理，形成"某物流公司智慧物流业务体系及其优缺点"思维导图，并进行演讲汇报		
任务流程	教师介绍本任务的内容、要求及注意事项	任务环节	核心要点
			（1）确定调研目的，明确智慧物流体系涵盖的关键领域，如智能运输、仓储、配送、信息控制、辅助业务、增值业务等

（续）

任务环节	核心要点
教师介绍本任务的内容、要求及注意事项	（2）指导学生进行有效调研，包括文献查阅、访谈技巧、数据分析 （3）介绍并演示调研过程中可能用到的工具和资源，如数据库、统计软件、思维导图软件等 （4）指导学生制作思维导图并分析结果 （5）鼓励学生反思整个调查过程，总结经验教训
学生开展活动、每组展示任务成果、制作PPT并进行汇报	（1）明确目标。理解任务要求，明确智慧物流业务体系的构成，确定汇报的重点内容 （2）资料收集与分类。收集关于该公司智慧物流实施的详细信息和数据；根据作用和应用范围，将收集到的数据进行分类 （3）制作思维导图。以"某物流公司智慧物流业务体系及其优缺点"为主题，创建主分支；进一步细化子分支，列出具体的内容；在各节点添加简短说明或链接；进行视觉优化 （4）撰写演讲稿，制作辅助PPT。基于思维导图内容，撰写演讲稿；挑选思维导图的关键部分制作成演示文稿；通过图表、图片等形式展示具体数据和成功案例，以辅助演讲内容 （5）汇报讲解、互动环节。按照思维导图的结构，逐一展开讲解；预留时间回答提问，增强互动性，收集反馈意见
教师点评	（1）思维导图在内容上是否全面覆盖智慧物流业务的关键组成部分；结构是否逻辑清晰，能否直观反映智慧物流业务的内在联系；能否挖掘并突出展示公司智慧物流业务的独特优势或创新 （2）演讲者的语言表达是否流畅、能否有效吸引听众注意力，以及与听众的互动情况如何；PPT是否简洁明了，辅助材料是否有效地支持了演讲内容
教师总结	（1）学生们通过思维导图展示了智能运输、仓储、配送、信息控制等项目的内在联系，锻炼了信息整合与逻辑思维能力；在活动中强调技术创新点的挖掘，学生了解了行业趋势，感受到了科技改变物流行业的潜力 （2）演讲汇报中，能够流畅地讲述团队研究成果，特别是在互动环节，能够灵活应变，体现了良好的沟通技巧

考核要求：本任务的考核主要以小组为单位进行，考核的主要内容包括理论知识掌握程度、实践应用能力、团队协作能力、沟通表达及创新能力等。根据各小组的表现，评选出优秀小组和最佳发言人。最后将本任务的相关材料归档

任务评价

任务评价表见表3-17。

表3-17 "介绍某物流公司智慧物流业务体系及其优缺点" 任务评价表

评价项目	分值	评价标准	自评（20%）	他评（30%）	师评（50%）	实际得分
内容完整性	30	全面介绍调查企业的业务范围及其智慧物流体系；能从宏观和微观介绍调查企业的智慧物流业务体系构成				

（续）

评价项目	分值	评价标准	自评（20%）	他评（30%）	师评（50%）	实际得分
历史数据收集	20	信息来源的可靠性，数据引用的准确性和时效性				
思维导图制作	30	思维导图层次分明、主次关系明确，便于理解智慧物流体系的构成；视觉呈现效果美观，图标与连接线使用恰当；展现独特的视角或创新点				
演讲与表达能力	10	仪容仪表自然大方，语言表达流畅、准确				
团队协作	10	团队成员之间沟通顺畅，协作默契，任务分配合理，执行协调一致				
合计						

拓展阅读

"大数据时代"京东智慧物流体系的建设情况

京东是国内最早投资建设智慧物流体系的企业之一。2014年，京东第一代仓储机器人投入"亚洲一号"系列仓库，之后长年在这一领域深耕，形成一套以"全自动仓储+大数据"为基础的智慧物流体系。京东物流智慧物流体系建设策略主要从以下几方面展开。

第一，注重数据信息搜集。京东物流设置了专门的数据搜集岗位，由专人负责此项工作的开展。京东物流注重利用各种信息手段和技术，提升数据的收集效率，降低数据的收集成本，构建信息集中处理平台。

第二，重视数据挖掘分析。京东物流通过对数据的挖掘与分析，将数据本身所蕴含的各种价值发掘出来，继而根据所提供的信息进行智慧物流体系建设。

第三，强调数据充分衔接。随着京东物流纵向一体化程度的不断提升，其前端主要包括在全国各地建立的数百个仓储中心，后端则覆盖了在各个城市、县城、乡镇建立的数以万计的配送网点。

第四，加强人才队伍建设。在智慧物流体系人才队伍建设方面，京东物流根据智慧物流体系建设的需要，加强人才引进与培养，还与高校共同建立"智能物流联合研究院"，培养智慧物流领域的核心人才。

作业与练习

一、单项选择题

1. （　　）不是我国物流业务体系发展历程中展现出的特点或趋势。
   A. 从基础服务到供应链集成的演变
   B. 物流业务体系规模保持不变
   C. 智能化升级的实现
   D. 技术应用和管理理念的质的飞跃

2. 智慧物流业务管理是指运用智能化信息技术对供应链物流（采购物流、生产物流、销售物流）和客户服务进行一体化管理，即（　　）。
   A. 智慧供应链物流管理　　　B. 智慧物流信息技术
   C. 供应链物流一体化管理　　D. 可视化物流技术

3. 智慧物流体系核心业务是为（　　）提供智能化采购物流管理、生产物流管理、销售物流管理、客户服务。
   A. 传统物流企业　　　　　　B. 智慧物流企业
   C. 现代物流企业　　　　　　D. 供应链节点企业

4. 智慧物流的核心业务主要是智能运输、（　　）、智能配送和信息控制。
   A. 智能装卸　　　　　　　　B. 智能仓储
   C. 智能包装　　　　　　　　D. 智能加工

5. 以下选项中，（　　）不是辅助业务。
   A. 智能包装　　　　　　　　B. 便捷化智能装卸搬运
   C. 现代化智能加工　　　　　D. 智能仓储

二、判断题

1. 智慧物流业务层包括主要业务层、次要业务层。（　　）

2. 物流业务体系的发展仅关注物流活动的效率提升，而不涉及协同与管理理念的革新。（　　）

3. 基于智慧物流业务体系的业务和技术分析，以及大数据对智慧物流业务体系的影响，大数据背景下的智慧物流业务体系由基础层、应用层、技术环境、支撑环境4个部分构成。（　　）

4. 大数据技术对整个供应链的采购数据、生产数据、销售数据、客户数据进行实时、粗略、局部跟踪，挖掘有价值的数据，进行供应链信息集成和有效资源整合，实现供应链协同管理。（　　）

5. 智慧物流业务运营和数据运营完成了实时、快速的交互，使智慧物流业务体系整体运营高效有序，最终为客户提供一体化、可视化、精准化、网络化、移动化、智能化的智慧物流服务。　　　　　　　　　　　　　　　　（　　）

三、技能训练题

1. 大数据背景下的智慧物流业务体系如何分类？每类具体包括哪些内容？

2. 假设你是一家智慧物流公司技术部的工程师，你将如何提高本公司智慧物流运作效率？

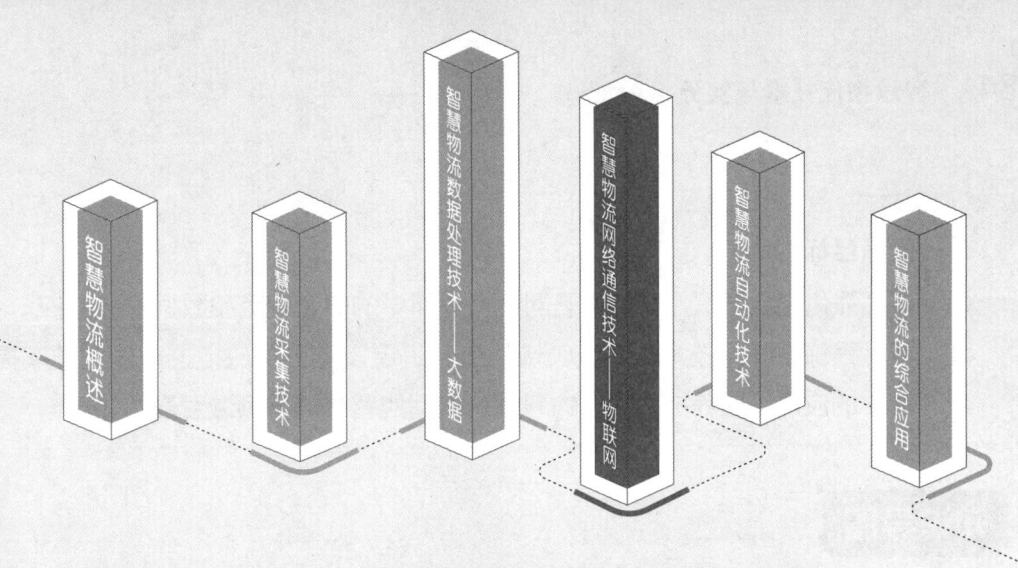

项目四

智慧物流网络通信技术——物联网

项目概述

物联网作为新一代信息技术的高度集成和综合运用，具有渗透性强、带动作用大、综合效益好的特点，是继计算机、互联网、移动通信网之后信息产业发展的又一推动者。物联网的应用和发展，有利于促进生产生活和社会管理方式向智能化、精细化、网络化方向转变，提高了国民经济和社会生活信息化水平，提升了社会管理和公共服务水平，催生了大量新技术、新产品、新应用、新模式，推动传统产业升级和经济发展方式转变，我国已将物联网作为战略性新兴产业的一项重要组成内容。物联网技术将升级为"万物互联"的新模式，真正开创智慧物流新格局。物联网技术在智慧物流管理体系中可显著提高物流管理的效率，提高物流管理服务的整体质量。

学习目标

知识目标

- 知晓物联网的基本概念与构成，包括感知层、网络传输层和处理应用层的组成与功能。
- 了解物联网关键技术。
- 了解物联网技术在物流行业的应用。

能力目标

- 能够理解物联网技术在信息处理、库存管理、运输、装卸与搬运等方面的应用价值。
- 能够利用物联网技术提升物流网络的效率和智能化水平。

素养目标

- 强化安全意识，了解物联网设备操作中的安全规范和数据隐私保护。
- 跟踪物联网技术在物流领域的最新进展及其在供应链透明度、效率提升方面的应用，培养持续学习的习惯，以适应智慧物流领域发展。

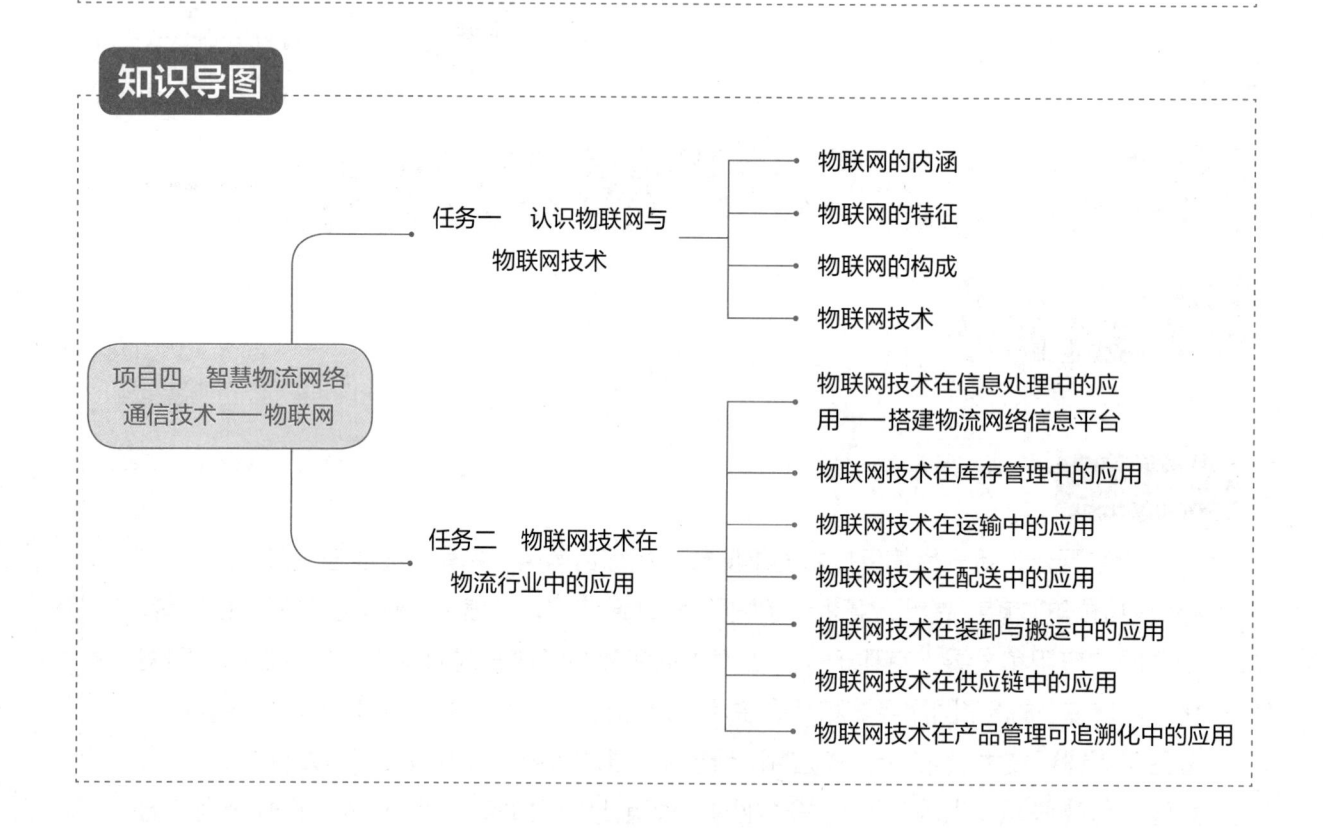

知识导图

项目四 智慧物流网络通信技术——物联网

- 任务一 认识物联网与物联网技术
  - 物联网的内涵
  - 物联网的特征
  - 物联网的构成
  - 物联网技术
- 任务二 物联网技术在物流行业中的应用
  - 物联网技术在信息处理中的应用——搭建物流网络信息平台
  - 物联网技术在库存管理中的应用
  - 物联网技术在运输中的应用
  - 物联网技术在配送中的应用
  - 物联网技术在装卸与搬运中的应用
  - 物联网技术在供应链中的应用
  - 物联网技术在产品管理可追溯化中的应用

任务一 认识物联网与物联网技术

任务描述

小明购置了一款智能手环，实时监测并传输个人各项关键健康指标，如心率、血压、运动量及睡眠质量等数据。他通过手机应用程序界面直观查阅上述信息，并依据所接收的实时健康数据及智能化分析结果，针对性地进行生活习惯调整。

这一实例生动地展现了物联网技术在日常生活中的广泛应用及其所带来的诸多便利。但它仅仅是物联网技术广阔应用领域中的一隅。物联网技术正以前所未有的深度和广度渗透到我们生活的方方面面，为人们带来诸多便利。

为了更全面地了解物联网的本质属性、构成以及物联网技术在不同领域的应用，请同学们开展网络资料查阅或实地调研，并以小组为单位展示物联网技术是如何改变和优化生活及产业运作的。

知识准备

知识点1：物联网的内涵

物联网是指通过信息传感设备，按照约定的协议，把任何物品与网络连接起来，通过信息传播媒介进行信息交换和通信，以实现智能化识别、定位、跟踪、监控和管理的一种网络。通俗地讲，物联网就是"物物相连的互联网"。

> **小知识**
>
> **物联网和互联网的区别**
>
> 1. **本质不同**
>
> 物联网的本质是通过各种传感器和设备收集数据，并通过网络进行传输和处理，以实现各种智能化服务。核心在于物物互联，自动交互。互联网的本质是将全球各地的计算机网络通过TCP/IP协议连接起来，构建一个跨越时空的信息交换与共享网络，实现人与人之间在全球范围内的无缝沟通。其核心为人机连接，依赖用户操作。
>
> 2. **数据不同**
>
> 物联网通过物理设备和传感器收集大量的实时数据，数据量巨大，可以通过大数据分析和挖掘，为各行业提供服务支持。互联网主要通过人的操作来产生和处理数据，数据量有限，且数据更新速度快。
>
> 3. **安全性不同**
>
> 物联网涉及物理设备安全、传感器安全及大量实时数据保护，防范黑客攻击与数据泄露，安全防护要求更高。互联网的安全性主要通过网络安全技术和用户的个人隐私保护来实现，安全性比物联网低。

知识点2：物联网的特征

物联网是推动数字化转型、实现智能化升级的重要手段。从通信对象和过程来看，物联网具有以下特征，具体内容见表4-1。

表4-1　物联网的特征

序号	特征	描述
1	整体感知	物联网可以利用射频识别、二维条码和智能传感器等感知设备感知获取物体的各类信息
2	可靠传递	物联网通过互联网与无线网络的融合，将海量的物体信息实时准确地传递出去，以实现物体信息的共享
3	智能处理	物联网利用云计算、模糊识别等智能技术，对感知和传递的海量数据、信息进行分析、挖掘和处理，对物体实现监测与智能化控制
4	领域多样性	物联网的应用通常具有领域性，几乎社会生活中的各个领域都有物联网应用需求，如智能交通、智能医疗、智能工业等

拓展阅读

为进一步发挥标准对物联网基础安全的规范和保障作用，加快网络强国建设步伐，工业和信息化部印发了《物联网基础安全标准体系建设指南（2021版）》。该指南为物联网在物流及其他各领域的广泛应用提供了统一的安全标准框架，确保物联网技术在提高物流效率的同时，保障数据安全、设备安全及网络安全，降低潜在的安全风险。

知识点3：物联网的构成

物联网可分为感知层、网络传输层和处理应用层（见图4-1），它们共同构建了一个完整的信息生态系统，使得物体、设备、系统能够通过网络进行数据交互和远程控制。其中，感知层实现物联网全面智能化感知，网络传输层实现将接收的信息由计算机网络及通信网络进行传递，处理应用层实现应用支撑服务和用户应用服务。

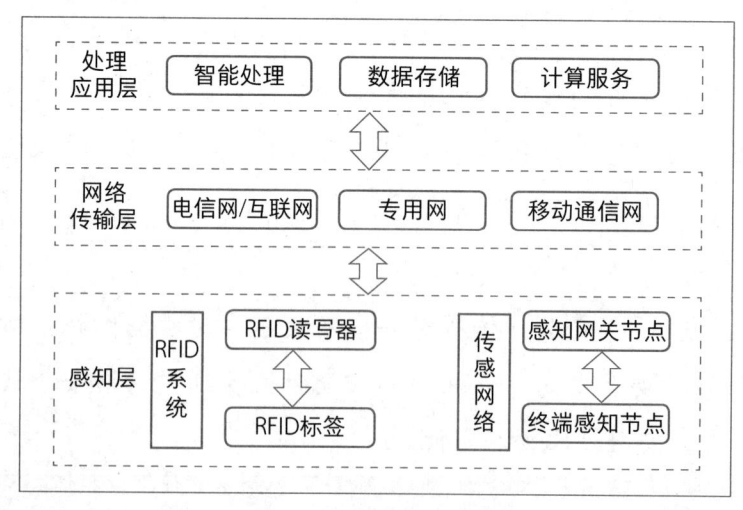

图4-1　物联网的构成

1. 感知层

物联网感知层是物联网的最底层，主要由各种自动感知和识别设备及其系统，以及各种终端智能设备等组成。感知层的主要功能是采集物体信息和数据，包括各类身份标识、位置信息、音频、视频数据等，同时也接收来自上层网络的控制信息，执行相应的控制操作。

2. 网络传输层

物联网网络传输层是物联网的通信基础，作为纽带连接着感知层和处理应用层，它由各种私有网络、互联网、有线和无线通信网等组成。网络传输层的功能是"传送"，即通过通信网络进行信息传输，实现不同网络、不同设备间的互联互通，将感知层获取的信息，安全可靠地传输到处理应用层。

3. 处理应用层

物联网处理应用层是物联网的最高层，包括各种应用程序、云服务、数据分析等。处理应用层的主要功能是处理网络层传来的海量信息，并利用这些信息为用户提供相关的服务。

> **小案例**
>
> **智能家居**
>
> 物联网在智能家居领域应用非常广泛，通过将各种智能设备连接到互联网，家庭成员可以通过手机或其他智能设备远程控制和定时控制家中的灯光、空调、电视等设备。
>
> 在智能家居中，物联网设备之间的互联互通也是非常重要的。例如，当家庭成员回家时，智能门锁可以自动解锁，同时自动开启灯光和空调等设备，营造舒适的家居环境；当家庭成员离开家时，智能家居设备可以自动关闭电器和灯光等设备，实现节能减排。

知识点4：物联网技术

物联网技术是一种实现物体与物体、物体与人之间信息交换和通信的技术。通过将网络技术运用于万物形成"物联网"，如将感应器装备到油网、电网、路网、水网、建筑、大坝等基础设施中，然后将"物联网"与"互联网"整合起来，实现人类社会与物理系统的整合。在物联网的应用中，以下关键技术发挥着至关重要的作用。

1. 传感器技术

传感器技术是物联网领域中的关键技术之一。它通过传感器节点对环境进行感知和数据采集，并将其转化为数字信号进行处理和传输。传感器负责信息的采集，是物体感知物质世界的"感觉器官"，是实现对现实世界感知的基础，是物联网服务和应用的基础。例如，传感器可以感知气体浓度、温湿度、光照强度、物体位置等。

2. 射频识别技术

射频识别（RFID）技术是一种非接触式自动识别技术，通过无线射频对电子标签或射频卡进行读写，从而达到自动识别和信息交换的目的，是物联网"让物品开口说话"的关键技术。RFID技术在门禁系统、供应链管理、物流管理、智能交通和图书管理等方面有着广阔的应用前景。RFID在仓储管理中的应用见图4-2。

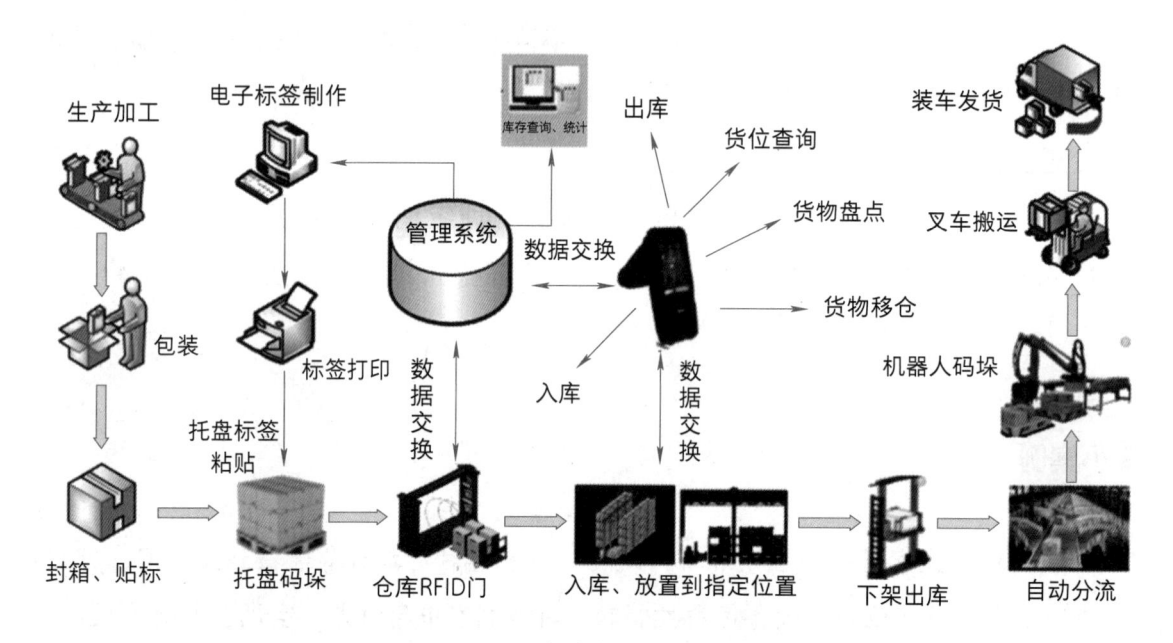

图4-2 RFID在仓储管理中的应用

> **小案例**
>
> **顺丰速运：RFID技术应用于快递配送**
>
> 顺丰速运是一家全球性的快递和物流服务提供商，其在国内率先使用RFID技术来实现对货物的实时监控和跟踪。顺丰速运将RFID标签贴在快递包裹上，通过RFID读写器和云端系统，实现对包裹的精确跟踪和定位，提高了配送效率和客户满意度。同时，RFID技术也帮助顺丰速运提高了配送时效，减少了货物损失和误投的情况。

3. 无线通信技术

在物联网中，设备之间需要进行通信，以实现数据传输和交互。通信技术包括短距离无线通信技术和远程通信技术。短距离无线通信技术，如NFC、蓝牙（其应用见图4-3）、Wi-Fi、RFID等，可以满足物联网设备的短距离通信需求，适用于区域范围较小、连接设备较少的场景；远程通信技术，如互联网、4G/5G移动通信网络、卫星通信网络等，可以满足物联网设备与设备之间的远程通信需求，适用于数据量较大、连接设备较多的场景。

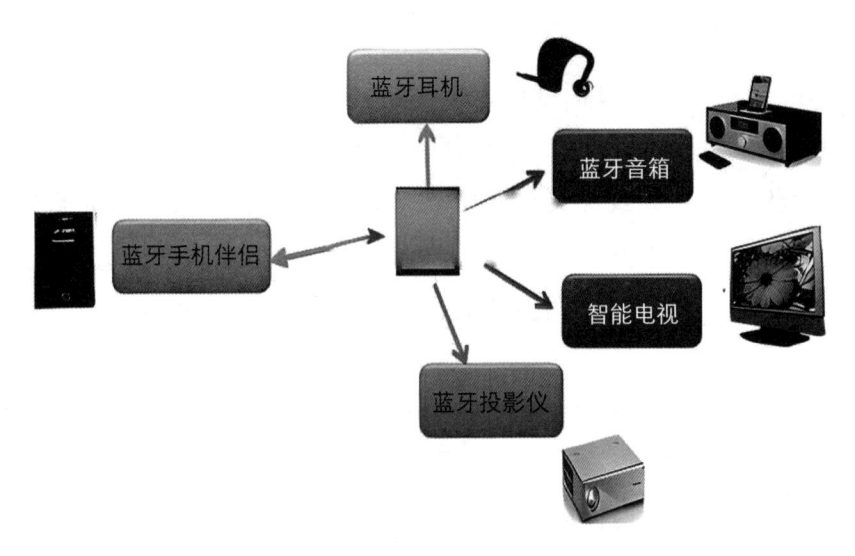

图4-3　蓝牙无线通信技术的应用

4．嵌入式系统技术

嵌入式系统技术通过结合计算机技术、通信技术以及自动化技术，赋予设备或系统智能化操作能力，以及故障诊断和自动报警等功能。嵌入式系统技术通过传感器、集成电路、通信芯片和软件平台等项目来实现设备的智能化和自主控制。

> **小案例**
>
> 可穿戴健康监测设备
>
> 智能手表等可穿戴设备，能够实时监测用户的健康状况，如心率、血压、步数等。这些设备内置的嵌入式系统负责收集和处理传感器的数据，然后通过蓝牙等方式将数据同步到用户的手机上，供用户查看和分析。

5．定位技术

定位技术可以通过无线通信技术实现全球定位。在智能物流、智能交通等领域，定位技术可以提供精准的定位和导航服务，帮助企业和个人实现物流运输的准确和高效。

6．云计算

物联网设备通过网络将多个计算实体整合成一个具有强大计算能力的系统，云平台负责将采集到的数据上传并储存在云端，并借助云计算的能力，对数据进行存储、处理和分析。

物联网技术的应用非常广泛，涵盖智能家居、智能交通、智能医疗、智能工业、智能农业、智慧城市等多个领域。借助物联网技术，可以实现设备的远程监控和管理，进而提高生产效率并降低能源消耗，为人们的生活和工作带来便利与效益。

> 📄 **小案例**
>
> 实时货物追踪与供应链可视化
>
> 　　物流公司利用云平台整合GPS、RFID、条码、传感器等物联网技术收集到的实时数据，实现货物从出厂到最终交付的全程追踪。云平台实时处理并更新位置信息、运输状态、环境条件（如温度、湿度）等数据，通过Web或移动端应用程序向客户、物流管理人员及合作伙伴展示货物的实时位置、预计到达时间等关键信息，实现供应链的全程可视化。

7. 物联网协议

　　物联网协议是指一系列专为物联网设计的通信标准和规范，这些协议允许物联网设备互相连接、交换数据以及与中央服务器或云平台进行通信。物联网协议如MQTT、CoAP、HTTP、Zigbee、Thread、6LoWPAN等确保了设备间的互操作性和网络连接，使得数据能够在物联网网络中有效传输。

> 📄 **小案例**
>
> MQTT、LoRaWAN协议的应用
>
> 　　物流公司可借助配备GPS功能和无线通信技术的物联网标签或跟踪设备，通过MQTT协议将货物位置信息实时发送至后台管理系统。或者在广域范围内，使用LoRaWAN协议实现低成本、低功耗的长距离货物追踪。这样，无论是长途运输还是仓库内的物品转移，物流公司都能实时了解货物的具体位置和状态，从而提高物流透明度和管理水平。

8. 物联网安全技术

　　物联网安全技术是构建安全物联网环境的关键所在，它涵盖了身份认证、加密传输、访问控制、隐私保护等一系列关键技术措施，这些技术相互结合、协同工作，确保物联网设备和数据的安全性。

> **知识拓展**
>
> 　　2021年9月23日，工业和信息化部办公厅印发《物联网基础安全标准体系建设指南（2021版）》。它覆盖物联网设备的设计、生产、部署、运维等全生命周期的安全要求，强调提升物联网设备自身安全能力，强化数据安全保护，以及推动安全技术和管理措施的有效实施，旨在构建一套完整的物联网安全标准体系，加快网络强国建设步伐。

任务实施

任务单见表4-2。

表4-2 任务单

任务：初识物联网技术如何优化现代社会生活及产业的运作模式		
任务目的	使学生能够进一步了解物联网的基本知识，识别物联网技术的关键特性，熟悉物联网应用实例；通过实例分析，理解物联网在日常生活、工业生产等领域的具体应用；同时，在团队合作过程中，感悟发现问题、分析问题、解决问题的思维流程	
任务组织	根据班级人数将学生分成若干小组，每组选一名组长，各组在组长的带领下查找资料，制作以"初识物联网技术如何优化现代社会生活及产业的运作模式"为主题的PPT，并进行汇报展示	
任务流程	任务环节	核心要点
^	教师介绍本任务的内容、要求及注意事项	（1）收集并整理至少两个物联网技术在不同领域的应用案例，领域可涵盖智能家居、智能城市、智能物流等 （2）了解物联网技术在各行各业的应用背景和发展趋势 （3）识别构成物联网的元素及物联网技术的关键特性 （4）团队合作、分工明确、注重交流沟通
^	学生开展活动，展示制作完成的PPT	（1）调研物联网技术应用，指出可能的创新点 （2）对物联网技术的潜在价值和未来发展方向进行思考 （3）理解物联网技术与其他领域（如人工智能、云计算、大数据等）的交叉融合 （4）PPT内容完整、层次分明、图文并茂、布局清晰
^	每组现场发言与交流汇报	（1）主题鲜明，逻辑清晰 （2）内容翔实，有数据支持，案例丰富 （3）使用简洁明快的语言，合理安排汇报时间，确保所有重要内容得以充分展现
^	教师点评	（1）PPT主题是否鲜明，内容是否翔实，有无数据支持，结构是否清晰，表达效果等 （2）能否识别出物联网的核心特性及其应用场景 （3）各小组选择的应用实例能否展示物联网技术的广泛适用性
^	教师总结	通过任务实施，学生进一步了解了物联网的基本知识，识别了物联网技术的关键特性，并通过实例分析，理解了物联网在日常生活、工业生产等领域中的具体应用。同时，在合作过程中，大家感悟到了发现问题、分析问题、解决问题的思维流程
考核要求	本任务的考核主要以小组为单位进行，考核的主要内容包括小组成员的参与协作情况、发言材料的准备情况、语言表达情况、与理论知识的结合程度、发言效果等。根据各小组的表现，评选出优秀小组和最佳发言人。最后将本任务的相关材料归档	

任务评价

任务评价表见表4-3。

表4-3 "初识物联网技术如何优化现代社会生活及产业的运作模式"任务评价表

评价项目	分值	评价标准	自评(20%)	他评(30%)	师评(50%)	实际得分
内容完整性	20	准确理解并清晰阐述物联网概念、关键技术和框架				
应用场景匹配度	40	列举物联网应用场景并解释物联网如何改变传统运作模式				
分析的全面性	20	分析物联网技术对社会生活及产业创新的影响程度				
报告呈现效果	20	报告展示形式、口头表述的流畅度、讲解的条理性、观众易于理解的程度等				
合计						

拓展阅读

物联网技术在环保领域的应用

随着人类社会的发展，环境污染问题日益严重，环保已成为全球关注的焦点。物联网技术为环保领域带来了新的解决方案，通过物联网设备对环境数据进行实测和数据分析，可以有效地提高环保工作的效率和精确度。

有关部门在城市的主要区域安装了物联网传感器，这些传感器可以监测空气中的PM2.5、CO_2等有害物质的浓度，同时还可以监测温度、湿度、风速等气象数据。这些数据通过无线网络传输到云端平台，进行分析和处理。

有关部门采用人工智能技术对收集到的数据进行处理，可以预测未来的空气质量趋势；通过对比不同区域的数据，可以发现污染源的位置和原因。为了让公众及时了解空气质量状况，有关部门通过手机应用程序向公众发布实时的空气质量数据和健康建议，提醒公众做好防护。

根据数据分析结果，有关部门采取了多项措施。例如，对于污染严重的企业进行处罚和整改；对于交通拥堵路段进行优化和改造。这些措施有效地改善了城市的空气质量，提高了居民的生活质量。

任务二 物联网技术在物流行业中的应用

任务描述

物联网的核心思想是"按需求连接万物"，这种技术为各行各业带来了前所未有的可能性，尤其是在物流业的应用中展现了巨大的潜力。随着物联网与物流技术的深度融合，物流不再局限于传统的虚拟数字世界的"天网",而是延伸到了物理世界。物联网技术通过实现物流信息的实时感知、精确传递和智能处理,促进了物流行业的数字化、网络化和智能化进程,为智慧物流的构建奠定了基础。现在我们将目光投向物联网技术如何赋能物流行业的现代化转型。请同学们依托网络文献、专业报告、行业案例等多种途径,了解物联网技术在物流领域的具体应用情境及其所带来的影响,理解物联网技术在优化物流流程、提升运营效率方面的重要意义。

知识准备

物联网技术在物流行业中将物理世界与虚拟世界紧密结合,其应用表现为对实体物品及其移动轨迹的数字化感知、传输与解析,有力地促进了物流效率的跃升和服务质量的优化。无论是货物的实时追踪、仓储管理的精细化操作、运输路线的优化配置,还是安全监控和预警,都得到了前所未有的提升,从而使得物流行业迈入了一个全新的智能时代,实现更高层次的服务质量和运营效率。

知识点1:物联网技术在信息处理中的应用——搭建物流网络信息平台

在当前经济全球化和技术快速革新的背景下,特别是在电子商务蓬勃发展的推动下,搭建一个能够连接供应链各环节、提高物流效率、保障商品安全流通的集成物联网技术的物流网络信息平台尤为关键。

物流网络信息平台是指基于计算机通信网络技术,提供物流信息、技术、设备等资源共享服务的信息平台。它通过整合物流行业相关的信息资源,系统地采集、加工、传送、存储、交换企业内外的物流信息,实现整个社会物流信息的高效传递与共享。物流网络信息平台在物流行业中发挥着重要的作用,具体内容见表4-4。

表4-4 物流网络信息平台的作用

序号	作用	描述
1	实时信息收集与传输	利用物联网技术收集货物(包括位置、状态、环境条件等)动态信息,实现商品生命周期的精准监控,降低信息不对称造成的风险
2	资源整合与共享	通过信息交互平台,拓宽物流企业资源获取途径。促进供需双方高效对接,增强物流服务市场的流动性与匹配效率
3	预测与规划	通过数据分析预测物流需求,优化售前、售后计划制订,减少客户疑虑,增强消费者信任
4	全链条协同与优化	打破产业链上下游的信息壁垒,实现供应商、生产商、仓储、运输、零售等环节信息共享,推动全链条企业间的协同合作

> 📄 **小案例**
>
> 广西物流公共信息服务平台
>
> 广西物流公共信息服务平台提供从上游生产企业、托运方到承运方、司机、收货方的全程可视化跟踪服务，并在平台上提供结算支付、大数据分析、共享运力撮合、钱包支付、汽车后市场、车联网、物流金融、在线发票等业务。它还具备与外部资源对接的能力，拥有"运力池""仓储池"等资源，货主可以在平台上发布订单，承运方的司机可以竞价接单，实现公共撮合和空闲运力共享。

知识点2：物联网技术在库存管理中的应用

物联网技术在库存管理领域的革新带来了前所未有的高效性与精准度，通过整合射频识别（RFID）、条码等多种识别技术，实现实时追踪和更新每一件货物的进出库信息，提升了仓库物资的透明度与可控性。物联网技术在库存管理中的应用见表4-5。

表4-5 物联网技术在库存管理中的应用

序号	技术	应用
1	RFID技术（RFID标签、RFID阅读器）	自动记录货物出入库时间、数量和位置信息，实时监控库存状态，简化盘点流程，提高库存准确性
2	条码技术（手持或固定式设备）	库存信息录入，调拨、销售时更新库存数据库，支持云端同步，确保库存数据实时更新
3	传感器技术（温湿度、压力、重量等传感器）	监控存储环境和货物状态，实时了解库存商品存放条件，保证特殊货物（如食品、药品）质量和安全性
4	自动化设备（自动化立体仓库、自动导引车）	根据指令找货、搬运、上下架等，通过物联网实现设备间协同运作，优化仓库资源配置与使用效率
5	数据分析与预测（云计算和大数据分析）	实现精准的需求预测、库存优化；提供补货建议，降低缺货和库存过剩风险
6	云平台与移动应用	移动应用使现场工作人员可以随时随地查看库存状态，实现多仓库、多渠道统一库存管理

> 💡 **小知识**
>
> 应用物联网技术的智能货架可以动态显示商品位置、库存数量等信息，辅助拣选人员快速定位商品。结合语音拣选、增强现实（Augmented Reality，AR）导航等技术，可以进一步提高拣选效率和准确性。部分先进仓库还采用自动化立体仓库、AGV等设备，实现无人化拣选与搬运。

> **📖 小案例**
>
> 一家服装零售连锁企业安装了一套智能库存管理系统，该系统基于物联网，由RFID标签、RFID阅读器、传感器网络以及集成的库存管理软件平台组成。每天闭店后，固定阅读器自动扫描整个店铺的库存，快速生成精确的库存报告，无须人工逐一扫描或计数；店员可使用手持设备在销售区域进行周期性的即时盘点，确保库存数据实时更新；系统可通过中央服务器分析销售数据，实现自动补货，以平衡库存，防止断货或过剩。此外，RFID技术助力防盗，有助于减少损失。部分高端店铺提供顾客智能化体验，如试衣间镜子显示商品信息与搭配建议，甚至允许顾客直接下单购买未展示尺码或颜色的商品，提升购物互动性。

知识点3：物联网技术在运输中的应用

利用物联网技术实施运输业务升级，通过GPS、RFID、传感器等设备，进行车辆、货物实时位置追踪、状态监测与环境监控，实现运输管理过程的信息化、智能化及上下游企业的物资资源高效整合和无缝连接。

1. 车辆管理

物联网技术通过传感器和GPS等设备，实时监测车辆的位置、行驶速度、燃油消耗等信息，提高物流车辆的运输效率和管理水平。通过监控车辆的运行状态，可以及时发现和解决潜在的故障和问题，提升运输的安全性和可靠性，防止货物被盗和遗失，减少交通事故的发生。可以对车辆行驶路线、维护保养等进行监控和管理，减少车辆损耗和维修成本，提高运输效率和质量。

2. 线路规划

物联网技术通过收集和分析载货量、目的地、时效等各种信息数据，并结合智能算法，动态调整和优化运输线路，从而实现物流路径最优化，提升整体物流运输效能；通过实时监控车辆位置、货物状态以及道路交通状况，物联网技术能够智能规避拥堵路段，合理安排提货、卸货顺序及行驶速度，为客户提供更为准时、高效的物流服务体验。

3. 环境感知

环境感知主要是指通过安装在运输车辆、仓库、货物包装上的各种传感器（如温度、湿度、压力、光照、有害气体检测传感器等）实时监测运输过程中的环境条件（如温度、湿度、震动等）。这些传感器数据通过物联网技术上传至云端平台，经过分析处理后，可以帮助物流企业实现货物安全保障、运输条件优化、节能减排等多重目标。

> 📖 **小案例**
>
> 一家专注于生鲜食品配送的企业对其冷链物流体系实施了物联网技术的革新升级。每辆冷藏运输车均安装了物联网传感器，这些传感器每隔几分钟就将数据传送到云端平台，从而确保食品在整个运输过程中始终维持在规定的温度和湿度范围内。一旦温湿度超出预设阈值，系统会立即向管理人员发送警报，以便快速介入调整，有效避免食品变质。

4. 运输资源调度与协同

运输资源调度与协同是指在物流和供应链管理中，对运输资源（如车辆、船舶、飞机、司机、货物等）进行有效管理和优化配置的过程。它涉及跨区域、跨企业之间的合作，以实现货物从起点到终点的高效、经济、安全的运输。物联网技术在运输资源调度与协同中的应用见表4-6。

表4-6　物联网技术在运输资源调度与协同中的应用

序号	应用领域	技术	描述
1	跨区域、跨企业资源调度	物联网平台整合	整合全国范围内的货源、运力资源，形成覆盖全国的共享资源库，降低物流运输成本
2	实时跟踪车辆状态和货物信息	传感器、RFID、GPS	实现物品、设备、车辆的实时信息采集和物流状态监控
3	智能匹配运输资源	大数据分析人工智能算法	优化路径规划、库存管理、车辆调度等

> 📖 **小案例**
>
> 京东物流的"数智化运输履约决策平台"
>
> 数智化运输履约决策平台通过综合货量预测、运输时效评估、碳排放考量、实时天气信息等多种因素，实现了对社会资源的最大化利用，显著减少了货物的搬运次数，缩短了车辆空驶与等待的时间，提高了车辆的利用率，从而有效地降低了整体的物流成本。

5. 预测与决策支持

预测与决策支持是指利用物联网技术收集大量实时数据，结合大数据分析和人工智能算法，来预测运输需求、优化运输资源配置、监控运输状态，并做出更加精准和高效的决策。其具体应用见表4-7。

表4-7　物联网技术在预测与决策支持中的应用

序号	应用领域	技术	描述
1	预测运输需求	大数据分析、人工智能、AI模型	利用历史数据和实时数据，通过机器学习算法预测未来的运输需求
2	分析货物流量规律		分析货物流动的模式和趋势，识别货物流量的高峰和低谷
3	优化库存管理		根据预测的运输需求和货物流量，智能调整库存水平和分布
4	运输计划和资源配置		基于预测结果，制订最优的运输计划和资源配置方案
5	预警和应对突发事件		通过实时监控和数据分析，提前预警可能的运输中断和风险，迅速优化运输方案，适应突发状况

6. 运输客户服务

运输客户服务是指在货物运输过程中，运输服务提供商向客户提供的一系列服务和支持，旨在确保货物安全、高效地从发货地运输到目的地，并满足客户的特定需求和期望。其核心目标是提供高质量的物流解决方案，增强客户满意度，建立长期的客户关系。物联网技术在运输客户服务中的应用见表4-8。

表4-8 物联网技术在运输客户服务中的应用

序号	应用领域	技术	描述
1	实时查询货物运输状态	物联网技术	实时监控货物的位置、温度、湿度等状态，实现货物运输状态的实时查询
2	AI技术支持精准咨询服务	AI客服系统	利用自然语言处理和机器学习技术，智能客服系统理解客户意图并提供解答和帮助
3	主动推送运输进度	物联网技术+AI客服系统	通过物联网技术收集运输数据，结合AI客服系统，主动向客户推送货物运输进度和状态更新

知识点4：物联网技术在配送中的应用

配送中心可利用物联网技术实现货物进出、库存、配送的一体化管理。进入库门后，系统自动读取货物信息，并将信息通过网络传输到数据库与订单对比，清点无误后即可入库，系统信息库随之更新，极大地提高了工作效率，优化了配送管理。物联网在物流配送智能化中的应用见表4-9。

表4-9 物联网在物流配送智能化中的应用

序号	应用领域	技术手段	功能
1	实时定位与追踪	GPS、北斗导航、RFID、GPS+LBS（Location-Based Service，基于位置的服务）	实时监控配送车辆位置，精准预测到达时间，提高客户满意度，有效防止货物丢失
2	智能路线规划	GIS、大数据分析、智能算法	根据实时交通、天气、货物优先级等优化配送路线，减少空驶、等待和拥堵，提高配送效率
3	资源调度与协同	物联网、云计算、大数据	实现跨区域、跨企业的物流资源智能调度，优化车辆装载配比，减少空驶与等待时间，提升物流网络的整体协同效率
4	自动化配送设备	AGV、无人机配送、自动驾驶货车	通过自动化设备减少人工干预，提高配送效率，适用于最后一公里配送、封闭园区配送等
5	客户服务与交互	物联网技术、移动App、智能客服系统	客户可以实时查询货物配送状态，享受个性化的服务和咨询，提高客户满意度和忠诚度

> **小案例**
>
> 某大型电商平台采用物联网技术，建立了广泛的智能快递柜网络。每个快递柜均配备传感器、无线通信项目和触摸屏等设备，通过云端平台实现远程控制和信息交互。快递员通过移动终端将包裹与特定的智能柜格子关联，并通知收件人取件码。智能柜实时监控包裹的状态（如放入、取出时间），确保安全存储并能及时通知客户取件。

知识点5：物联网技术在装卸与搬运中的应用

物联网技术在装卸与搬运环节的应用主要体现在自动化、智能化和实时监控三个方面。物联网技术通过集成自动化、智能化手段及实时监控系统，从根本上革新了这一环节的操作模式和管理水平，极大地提高了物流效率和准确性，同时降低了人工错误和物料损失的可能性。物联网技术在装卸与搬运中的应用见表4-10。

表4-10　物联网技术在装卸与搬运中的应用

序号	应用	功能
1	监控装卸过程	利用传感器与监测设备监控装卸设备（如吊车、叉车）状态，预防过载、倾斜等；利用AI实时监测货物重量、体积等参数，防止货物损坏
2	实时追踪与调度	定位系统采集搬运设备位置信息，追踪每个装卸搬运节点的作业情况，统计分析作业时间、搬运量、作业成功率等指标，优化作业流程
3	预见性维护	通过收集设备运行数据，识别异常信号，提前安排维护保养，缩短设备故障造成的停机时间；若出现设备故障，及时调整作业计划
4	安全防护与报警	在传输过程中采用加密技术确保装卸搬运数据被截获和篡改；当货物搬运超出安全范围或有安全隐患时，触发警报确保人员、货物安全
5	劳动力优化	结合物联网与AI实现智能分拣、自动打包、无人化装卸，减少人力投入

> **小案例**
>
> 在京东昆山无人分拣中心，通过物联网技术实现了装卸搬运的自动化和智能化。六轴搬运机器人使用吸盘重新码放货箱，AGV利用地面二维码导航搬运货架，货架穿梭车从货架上取下商品货箱供分拣机器人分拣。这一自动化流程大幅提升了作业效率，节省了大量人力，实现了每小时处理9 000件货物的能力，同等场地和货量下节省了180人的工作量。

知识点6：物联网技术在供应链中的应用

供应链协同与优化是指利用物联网技术、大数据分析和云计算等先进技术手段，实现物流各环节参与者间的高度协作与信息共享，以提升整体供应链的效率、灵活性和响应速度。物联网技术在供应链中的主要应用见表4-11。

表4-11　物联网技术在供应链中的主要应用

序号	应用	内容
1	实时信息共享	打破信息壁垒，在供应链中的生产商、供应商、分销商、零售商以及物流服务商之间实现库存、订单、运输、配送等信息透明化
2	需求预测与计划协同	基于物联网大数据分析预测市场需求，同步协调供应链上下游的生产、供应与物流计划，降低库存成本，提高服务水平
3	动态库存管理	通过物联网技术实时监控库存状态，根据销售情况和预期需求自动调整补货策略，实现库存优化

(续)

序号	应用	内容
4	智能调度与优化	物联网技术与智能算法结合，实现物流资源（如车辆、人员、仓库）的精准调度，提高物流效率，降低物流成本
5	供应链风险管理	通过物联网技术实时监测供应链风险因素（如天气、交通、设备状态），实施预警与应急响应机制，降低供应链中断风险
6	逆向物流与回收管理	追踪产品流向，高效地组织退货、维修、废弃处理等环节，推动循环经济，方便质量问题追溯

> **小案例**
>
> 某大型电子产品制造商通过在产品中嵌入智能标签实现快速追踪与退货。当产品需要退换或召回时，客服中心通过扫描标签即可快速识别产品信息，启动逆向物流流程。物联网系统可实现自动追踪、识别产品，并依据产品状态（如是否需要维修、翻新或报废）自动分配到相应处理区域，减少人工干预；系统还会收集退货原因、产品故障模式、维修成本等逆向物流数据，并通过大数据分析，识别问题根源和潜在趋势。借助物联网平台，企业能更快响应消费者需求，如提供退货进度查询、自助预约快递取件等服务。同时，收集客户反馈用于持续改善产品设计和售后服务；此外，物联网系统可以追踪废弃电子产品流向，并确保废弃电子产品按照环保规定进行处理。

知识点 7：物联网技术在产品管理可追溯化中的应用

产品管理可追溯化是指在整个产品生命周期中，从原材料采购、生产制造、检验测试、仓储物流、销售直至售后服务，每个环节产生的所有信息都被记录、追踪和管理。通过集成物联网、RFID、条码、传感器等技术，以及ERP、MES（Manufacturing Execution System，制造执行系统）、WMS等管理系统，实现产品全链条的信息化、透明化和可控化管理。物联网技术在产品管理可追溯化中的主要应用见表4-12。

表4-12　物联网技术在产品管理可追溯化中的主要应用

序号	应用领域	技术手段	功能
1	原材料采购	RFID	进行物料追踪，追踪原材料来源、入库时间、供应商等信息
2	生产制造过程	条码	为每个产品赋予唯一标识，记录生产时间、批次、生产线、工位等信息
3	质量监控环境监测	传感器技术	监测和记录产品性能、质量参数，如温度、湿度、压力等
4	仓储管理	WMS、集成物联网	自动出入库记录，实时更新库存位置、数量，监控存储环境
5	运输过程	TMS、GPS	跟踪货物运输位置、状态，记录运输路径，实时计算到达时间，异常情况报警
6	采购、生产、销售环节	ERP（企业资源计划）	追溯销售订单、销售渠道，记录售后维修、更换等服务信息
7	全链条追溯	区块链技术	提供不可篡改的存储数据，增强产品信息的可信度和安全性

📖 小案例

苏州三港农副产品配送有限公司利用物联网技术建立了一套农产品质量管理可追溯系统。该系统将物联网技术与生产、加工、仓储和物流等环节相结合，通过RFID、二维条码、传感器等设备，对农产品从种植到餐桌的全过程进行实时监控和数据记录。

✘ 任务实施

任务单见表4-13。

表4-13　任务单

任务：认识物联网在物流行业中的应用		
任务目的	使学生能够进一步认识物联网的内涵、特征、构成和物联网技术，探索物联网在物流环节的应用；使学生在合作过程中提高实践能力和创新思维	
任务组织	根据班级人数首先将学生分成若干实训小组，每组选一名组长，各组在组长的带领下开展活动，开展网络资料查阅或实地调研，完成以"认识物联网在物流行业中的应用"为主题的PPT汇报	
任务流程	任务环节	核心要点
^	教师介绍本任务的内容、要求及注意事项	（1）明确研究目标与范围，界定物联网在物流领域的应用边界，明确所研究的物联网技术在物流产业链中的具体环节 （2）查阅相关政策、法规、规划，了解国家和地区对物联网在物流领域应用的支持举措、指导原则等 （3）通过案例分析，学生归纳物联网在物流环节的应用特点
^	学生开展活动、制作PPT、交流汇报	（1）浏览行业网站与新闻，了解物联网技术在物流领域的研究进展、成功案例、技术标准等 （2）分析案例中物联网技术的具体应用细节、实施过程、取得的效果、面临的挑战与解决方案，提炼成功要素及从中获得的启示 （3）PPT布局清晰、结构合理；内容完整、层次分明；图文并茂、得体美观 （4）结合幻灯片进行主题汇报，按照事先准备的内容和逻辑进行讲述 （5）语言流畅，仪态大方，注意与听众保持眼神交流，适时配合手势以增强表达力
^	教师点评	（1）学生采用的调查方法是否科学合理、是否能将信息进行有效整合和分析 （2）学生是否结合案例理解和展示了物联网技术在物流中的应用 （3）PPT制作及表达技巧情况
^	教师总结	通过分组合作完成学习任务，展示了学生们对物联网技术在物流领域应用的认识，不仅提升了信息搜集、团队协作和表达能力，还在实际案例分析中锻炼了实践技能，激发了他们对技术创新的兴趣和对行业未来发展的责任感
考核要求	本任务的考核主要以小组为单位进行，考核的主要内容包括小组成员从选题到汇报的参与协作情况、发言材料的准备情况、语言表达情况、与理论知识的结合程度、发言效果等。根据各小组的表现，评选出优秀小组和最佳发言人。最后将本任务的相关材料归档	

任务评价

任务评价表见表4-14。

表4-14 "认识物联网在物流行业中的应用"任务评价表

评价项目	分值	评价标准	自评（20%）	他评（30%）	师评（50%）	实际得分
物联网关键技术介绍	15	列举并解释物联网在物流领域使用的典型技术，如RFID、GPS、传感器、云计算等				
物联网在物流领域的应用研究	25	多角度展示物联网在物流各环节（仓储管理、运输监控、配送跟踪等）的应用情况，并结合行业研究进展进行分析				
适用场景匹配	25	清晰地阐述了每种技术适合的应用场景				
视觉与组织结构	10	PPT布局清晰，层次分明，有效利用图表、图像和其他视觉元素来增强信息传达效果				
演讲与表达能力	10	仪容仪表自然大方，语言表达流畅、准确				
参考文献时效性与准确性	15	引用新研究成果和实际案例来支撑观点，并确保信息来源的可靠性和准确性				
合计						

拓展阅读

智能洋山港几乎"空无一人"

从高空俯瞰，洋山港犹如一艘乘风破浪的巨轮。如此规模巨大的深水码头每天的货运吞吐量惊人，如何做到几乎"空无一人"？全智能物联网是洋山自动化码头的最大亮点。

1. 智能"搬运工"自动躲避拥堵

忙碌而井然有序的码头上，一批穿梭不停的智能"搬运工"格外引人注目，这就是自动导引车（AGV）。工程师将AGV比作"快递小哥"，它配有智能控制系统，可以根据实时交通状况提供最优路线，遇到运行路线拥堵，系统便会重新规划路线。除了无人驾驶、自动导航、路径优化、主动避障外，AGV还能自主诊断故障、监控电量，是工作、生活能够自理的"优秀员工"。

2. 全天候不间断作业

AGV可以全天候不间断作业，并且能耗很低，粮食是"电"。为了提高"用餐"效率，AGV采用整体换电方式，电量不足时，车队管理系统将调度AGV自行到换电站换电。换电站犹如一个"自助餐厅",整个换电过程为全自动作业,一台AGV更换电池只需6min,大容量锂电池可以让AGV在满电后持续运行8h。

3. 巨型装卸机器人无缝衔接

一个集装箱从远洋货轮转移到陆路运输需要多个环节,而这一切都由"桥""台""吊"组成的"巨型机器人"协同完成。洋山自动化码头最大的突破是给中国制造装上了"中国芯",让国际航运市场看到中国企业在系统研发方面的潜力。

洋山自动化码头的"大脑",是上海国际港务集团自主研发的全自动化码头智能生产管理控制系统——TOS系统。这是自动化码头得以安全、可靠运行的核心。此外,上海振华重工研发的设备管控系统——ECS系统,也应用到洋山自动化码头的作业中。

上海已经成为国际航运市场的重要枢纽,无论是服务我国进出口贸易,还是推动国际航运市场复苏,助力"一带一路"沿线国家的经济发展,都将发挥更重要的作用。从港口装卸用"机械抓斗"替代工人肩挑手提,到智能码头实现自动化操作,近年来,码头作业这个曾经的劳动密集型行业,正逐渐转向科技密集型。自动化码头可实现24h作业,通过远程与自动操控技术,不仅码头效率比过去有质的提升,还能实现二氧化碳排放下降10%以上。

让港口更加绿色、高效,让码头工作更加安全、人性化。在科技创新带动下,港航经济未来的发展前景或许将更加令人瞩目,智能化码头将通过提高效率降低成本,物联网也将更加广泛地应用在智能物流领域。

作业与练习

一、单项选择题

1. (　　)实现将接收的信息由计算机网络及通信网络进行传递。

　　A. 感知层　　　B. 网络传输层　　　C. 处理应用层　　　D. 技术层

2. (　　)是物联网"让物品开口说话"的关键技术。

　　A. 传感器技术　　B. 射频识别技术　　C. 通信技术　　　D. 监控系统

3. 下列(　　)不是物联网技术在智能仓储管理中的应用。

　　A. 使用RFID标签进行货物识别　　　B. 通过温湿度传感器监控仓库环境
　　C. 使用自动化立体仓库进行货物存取　D. 采用VR技术进行虚拟库存管理

4. 物联网技术可通过(　　)帮助优化物流配送路线。

　　A. 车载导航系统　　　　　　　　　B. 结合GPS和GIS数据进行动态路线规划
　　C. 物流员手动规划　　　　　　　　D. 手机定位

5. (　　)利用物联网技术结合大数据分析来预测市场需求,并协调供应链各环节以降低库存成本。

A. 实时信息共享　　　　　　　　B. 需求预测与计划协同

C. 智能调度与优化　　　　　　　D. 供应链风险管理

二、判断题

1. 物联网的核心是人与人之间的连接。（　　）
2. 物联网技术在物流行业中可以实现货物的实时追踪与监控。（　　）
3. 物联网技术不能用于优化仓储空间利用率和货物拣选效率。（　　）
4. 物联网技术通过GPS、RFID等设备，能够实时获取货物的地理位置信息，实现货物的全程追踪。（　　）
5. 物联网技术在物流行业的应用只局限于货物运输阶段，不涉及仓储和配送环节。（　　）

三、技能训练题

顺丰速运（集团）有限公司作为快递与物流服务供应商，一直在积极探索和广泛应用物联网技术，以提升其物流服务的效率、安全性和智能化水平。请大家收集并分析顺丰在物联网技术应用方面的案例，特别是其如何利用RFID技术改进仓储管理流程，包括实施步骤、预期效果及可能遇到的挑战。

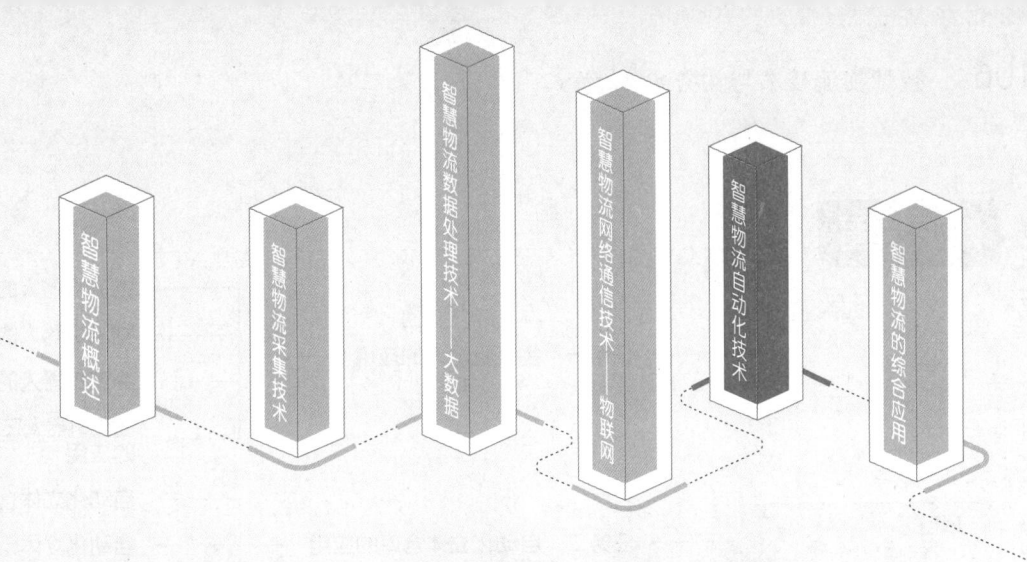

项目五
智慧物流自动化技术

项目概述

　　智慧物流不仅是效率的革命，更是价值的重塑。它以其先进的技术矩阵与生态系统的构建，为我国物流业提供了广阔的发展机遇。以工业 4.0 为契机，生产物流系统大规模应用，机器人、无人机、"货到人"等技术相继涌现，各项传统科技与新兴科技开始整合，通过精准的信息处理和高效的网络通信技术平台广泛应用于物流运输、仓储、配送、包装、装卸等基本活动环节，提高物流行业的服务水平，降低成本，减少自然资源和社会资源消耗，助力我国物流业迈向可持续发展的道路。

学习目标

📖 知识目标

- 知晓物流机器人、自动化立体仓库及无人机/车的概念。
- 掌握物流机器人、自动化立体仓库、无人机/车的类别。
- 掌握立体化仓库与传统仓库的区别。
- 了解物流机器人、自动化立体仓库及无人机/车的应用领域。

✪ 能力目标

- 能够分辨不同类型物流机器人的性能特点及应用场景。
- 能够分辨不同类型无人机/车的性能特点及应用场景。

📋 素养目标

- 培养团队合作精神，树立合作共赢的理念。
- 理解以客户为中心的服务理念，运用智慧物流技术提升物流服务质量与客户满意度。

知识导图

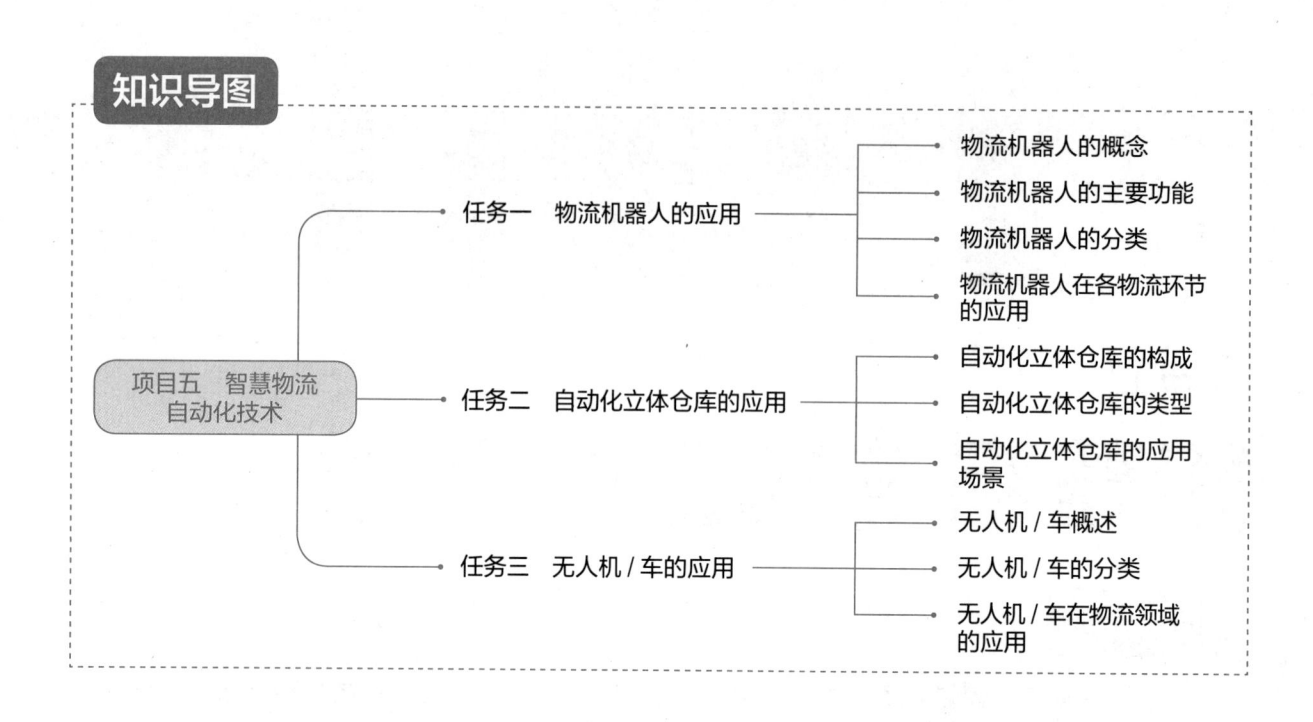

```
项目五 智慧物流自动化技术
├── 任务一 物流机器人的应用
│   ├── 物流机器人的概念
│   ├── 物流机器人的主要功能
│   ├── 物流机器人的分类
│   └── 物流机器人在各物流环节的应用
├── 任务二 自动化立体仓库的应用
│   ├── 自动化立体仓库的构成
│   ├── 自动化立体仓库的类型
│   └── 自动化立体仓库的应用场景
└── 任务三 无人机/车的应用
    ├── 无人机/车概述
    ├── 无人机/车的分类
    └── 无人机/车在物流领域的应用
```

任务一 物流机器人的应用

任务描述

物流机器人是一种现代化的物流设备,可以在仓库、配送中心等场所自动化地完成货物的搬运、分拣、装载和卸载等工作。物流机器人的应用可以极大地提高物流效率,降低物流成本,提高物流行业的竞争力。

本任务主要是学习物流机器人应用的基础知识。请同学们以小组为单位,根据所学知识,查询资料,比较不同类型物流机器人的功能,设计"物流机器人选择与配置方案",然后进行方案汇报与答辩。

知识准备

知识点1:物流机器人的概念

物流机器人(Logistics Robot)是一种专门应用于物流领域,采用先进的自动化、智能化技术,能够自主或半自主地完成物资搬运、存储、分拣、包装、配送等物流作业任务的机械设备或系统。它们是现代物流系统中不可或缺的一部分,其应用将极大地提高物流效率和精度,降低物流成本,提高企业的竞争力。

💡 小知识

《中国制造2025》的正式印发，标志着我国做出了全面提升制造业发展质量和水平的重大战略部署。该计划不仅引领我国制造业迈向新高度，更将机器人产业置于战略核心，旨在通过技术创新与应用拓展，全面加速制造强国进程。物流行业作为经济的血脉，机器人技术的融入将极大提升效率、降低成本，进一步凸显了机器人在推动包括物流在内的产业升级中的不可替代作用。自此，一场旨在推动制造业整体向自动化、智能化升级的改革浪潮开始兴起。

知识点 2：物流机器人的主要功能

在当今全球供应链日益复杂、物流效率需求不断提升的背景下，物流机器人正以前所未有的速度渗透到仓储、配送、制造等多元物流场景之中，成为推动智慧物流发展，实现物流自动化、智能化的重要载体。其核心价值在于通过替代或辅助人工执行劳动强度大、重复性强、安全隐患高的物流作业任务，大幅提升作业效率、精准度与安全性，同时降低运营成本、增强供应链柔性、提高响应速度。物流机器人的主要功能见图5-1。

图5-1 物流机器人的主要功能

（01 自动化搬运与装卸功能；02 高效分拣功能；03 智能仓储功能；04 数据管理功能；05 智能导航功能；06 远程监控功能）

1. 自动化搬运与装卸功能

物流机器人可以自动化地完成货物的搬运与装卸工作，适应不同的场景和任务，如仓库、分拣中心、运输途中等。它利用其强大的机械臂和先进的搬运技术，可以搬运各种形状和大小的货物，包括包装箱、袋子和托盘等。在搬运过程中，物流机器人能够保持货物的稳定和完整，减少破损和丢失的风险，从而提高搬运装卸效率和安全性。

📋 小案例

菜鸟网络的仓库中部署了大量自主研发的"小G"系列无人配送车及仓储机器人，它们借助先进的识别系统，精准地定位商品所在的位置，随后准确地抓取商品并将其运输到指定区域，实现从存储、拣选到打包环节的全程自动化搬运。

2. 高效分拣功能

物流机器人的高效分拣功能是物流行业中的一项重要应用。物流机器人通过图像识别和传感器技术，结合先进的算法，能够快速、准确地识别和抓取目标货物，并将其分拣到指定的位置，从而提高分拣效率和准确性。

> **小案例**
>
> 义乌申通快递中心采用了一套名为"小黄人"的自动化分拣系统。该系统由大量的小型AGV组成，它们通过读取包裹上的条码信息自主规划路径，将包裹投放到对应的目的地格口，实现了高效的无人化分拣作业。

3. 智能仓储功能

物流机器人通过采用先进的传感器和算法，可以自动识别和跟踪货物的位置和数量，并按照预定的规则进行存储和取货，提高了仓储的效率和精度，减少人力成本，同时能够有效地避免人为因素造成的误差。它可以与仓库管理系统（WMS）集成，实现货物的智能存储和检索，提高了仓库的存储效率和准确性。

> **小案例**
>
> 京东的"亚洲一号"仓库采用了大量智能物流机器人进行作业。例如，穿梭车可以在密集存储系统的货架间自动行驶，存取指定货位的商品；AGV能够自主导航，搬运货物到拣选工作站或出库口；同时，还有智能机械臂配合完成拆码垛等任务。此外，利用无人叉车和自动化立体仓库系统，实现了从入库、存储到出库全程智能化管理。

4. 数据管理功能

物流机器人通过收集、处理和分析货物运输过程中的数据，预测未来货物的运输时间。这可以帮助物流企业和客户更好地规划和管理库存，避免库存积压或缺货现象的发生，为物流企业和客户提供决策支持。

5. 智能导航功能

物流机器人可以通过智能导航技术实现自主导航和路径规划，适应不同的运输场景和环境。一些物流机器人还具备实时监控、智能绕障、智能调度、平稳移动、自我检测和自助充电等功能，以确保在复杂的物流环境中高效地完成任务，提高物流效率和准确性，降低人力成本。

> **小案例**
>
> 苏宁研发的"卧龙一号"无人快递车被应用于社区和高校的"最后一公里"配送服务中。它能在设定好的路线上自动行驶，通过先进的定位和避障技术将包裹安全地从物流点送到消费者手中。

6. 远程监控功能

物流机器人可以通过远程监控技术，实时监测货物的运输状态和位置，提高运输的可靠性和安全性。物流机器人通过GPS、北斗等定位技术，可以实时获取自身位置信息，并将位置信息传输至监控中心。管理人员可以通过监控中心的大屏幕或计算机端实时查看机器人的位置分布情况，实现对于仓库或配送路线的全面掌控。

知识点3：物流机器人的分类

物流机器人利用人工智能、机器视觉等技术，能够自主完成物流配送、仓储管理、物料搬运等任务。它们广泛应用于仓库、工厂、码头等物流场景，显著提升了物流效率。从功能和应用场景来看，物流机器人主要有6种类型：AGV、堆垛机器人、拣选机器人、分拣机器人、无人叉车及配送机器人（见图5-2）。

图5-2 物流机器人的分类

1. AGV

AGV（见图5-3、图5-4）是一种无人驾驶的运输设备，具有自主导航、路径规划、物料运输等功能。通过内置的激光雷达、摄像头等传感器，AGV可以感知周围环境，识别障碍物，并自动规划最佳路径。同时，AGV还具备物料运输功能，可以自动装载、运输和卸载货物，极大地提高了物流运输的效率和准确性。

图5-3 AGV在仓库工作　　　图5-4 AGV投递包裹

2. 堆垛机器人

堆垛机器人也称堆垛机（见图5-5），是指能自动识别物品并自动整齐地将物品堆码在托盘上（或从托盘上将物品拆垛卸下）的机电一体化装置。它们被广泛应用于物流、仓储、制造等行业，尤其是需要大量重复性、高强度堆垛作业的场景。堆垛机器人适用于各种形状的包装，包括纸箱、袋装、罐装、箱体等。

3．拣选机器人

拣选机器人（见图5-6）是一种能够自动识别并抓取货物的机器人。拣选机器人通过搬运货架实现"货到人"拣选，有效提升了作业效率，降低了人工成本。拣选人员只需要根据显示屏和播种墙电子标签的指示，从指定货位拣选相应数量的商品放入订单箱即可，打破了对照订单去货位找货的"人到货"模式。

图5-5　堆垛机器人　　　　　　　图5-6　拣选机器人

4．分拣机器人

分拣机器人（见图5-7）是一种利用图像识别系统或者传感器分辨货物形状，并根据货物特性进行快速分拣的机器设备。分拣机器人内部装有识别仪器，可以将捕获的画面与内置的图像或物品特征，进行对比，确定每个物品应该被分拣到哪个位置，然后用机械臂抓取货物，将其放到指定位置，实现货物的快速分类挑拣。

5．无人叉车

无人叉车（见图5-8）是一种结合了传统叉车功能与自动化导航技术的智能物流设备，通常采用激光雷达、摄像头等传感器进行导航和避障，并使用机械臂等装置将货物叉起和放下，能够在无人操作的情况下完成物料搬运、堆垛、取货等物流作业。无人叉车是智慧物流体系中的重要组成部分，尤其在追求高效、精准、安全的现代化仓储与生产环境中发挥着关键作用。

图5-7　分拣机器人　　　　　　　图5-8　无人叉车

6. 配送机器人

配送机器人（见图5-9）是一种能够自动导航并配送物品的机器人。配送机器人通常使用激光雷达、摄像头等传感器进行导航和避障，并配备高精度的地图和定位系统。配送机器人可以自主规划最佳配送路线，并按照预定的时间和地点将物品送达客户手中。配送机器人的应用，提高了配送效率和客户满意度。

图5-9　配送机器人

知识点4：物流机器人在各物流环节的应用

物流机器人在现代物流行业中以多元化的应用形态与广泛的功能覆盖，极大地提升了物流作业的效率、精确度和安全性。以下是物流机器人在各个物流环节的应用。

1. 物流机器人在仓储管理中的应用

物流机器人在仓储领域中具有广泛的应用，例如在仓库的入库、出库、盘点等环节（具体内容见表5-1）。它们可以通过精准的定位和搬运技术，快速地将货物从仓库中取出或放入货架，极大地提高了仓库的运作效率。特别是在"无人化"技术发展的推动下，越来越多的仓储配送中心开始采用"货到人"模式的智能化仓储系统完成仓储作业。目前，搬运型AGV是仓库内应用最广泛、发展最快的物流机器人类型之一。

表5-1　物流机器人在仓储管理中的应用

序号	应用场景	内容	作用
1	货物搬运与堆垛	物流机器人通过激光雷达、摄像头等感知设备，根据预设的程序和算法，准确识别货物的位置、尺寸和重量，实现自动化地搬运和码垛货物	降低了人工搬运的复杂程度和错误率，提高了货物的搬运效率和准确性
2	智能分拣与存储	物流机器人根据货物的属性、订单信息或库存需求进行智能分拣，并自动将其放置在正确的位置或运输到指定的区域	减少了人工分拣的错误和延误，缩短了货物的处理时间
3	库存管理与监控	物流机器人通过实时记录货物的进出库情况，定期或实时更新库存信息，包括货物的数量、位置和状态等，为管理人员提供准确的库存数据	有效减少库存积压和浪费，实现库存的最优化管理
4	安全与质量控制	物流机器人可以检测仓库中的温度、湿度等环境因素，通过扫描条码或RFID标签，验证货物的完整性和真实性	降低人为失误和事故的风险，提高仓储物流的安全性

> **📖 小案例**
>
> "地狼"(见图5-10)是京东物流自主研发的搬运型AGV,"地狼"最高承重500kg。"地狼"颠覆了传统"人找货"的拣选模式,变为"货找人"。工作人员只需要在工作台领取相应任务,等待"地狼"搬运货架过来进行相应操作即可。"地狼"依靠遍布地面的二维条码规划和引导路径,利用自带的传感器避免碰撞,保证了搬运货架来回穿梭时互不干扰,使工作井然有序,极大地提高了分拣效能和准确度。
>
> 图5-10 京东"地狼"

2. 物流机器人在运输管理中的应用

物流机器人在运输管理中的应用(见表5-2)变得越来越广泛和深入。它们通过集成先进的导航、定位、路径规划和避障技术,能够高效、精准地完成各种物流任务,提高了物流运输的效率和准确性。

表5-2 物流机器人在运输管理中的应用

序号	应用场景	内容	意义
1	实时定位与追踪	通过GPS和北斗卫星导航系统等技术,物流机器人可以实时追踪货物的位置和运输状态,确保货物的安全	提高货物运输透明度,增强客户的信任度
		物流机器人通过激光雷达等传感器及视觉识别技术,实现精准导航	
		物流机器人可以将货物的信息实时传输到物流管理系统,方便管理人员随时了解货物的动态	
2	路径规划与避障	物流机器人根据地图和实时传感器数据,使用算法进行路径规划,选择最佳行驶路径	物流机器人在复杂的运输环境中自主导航,减少人工干预
		通过环境感知和障碍物检测,物流机器人能够智能避开障碍物,确保行驶的安全性	
3	运输路线优化	根据货物的数量、重量、目的地等信息,物流机器人自动规划出最优的运输路线	减少运输时间和成本,确保货物准时到达
		物流机器人可以实时监控路况信息,及时调整运输路线,提高物流运输的效率和准确性	
4	自动化装卸	物流机器人能快速准确地识别货物,并将货物装载到运输工具上	提高装卸效率,降低人工操作的成本和错误率
		物流机器人可以将货物从运输工具上卸载下来,并放到指定的位置	
		物流机器人通过安装不同的末端执行器完成各种不同形状和状态的工件搬运工作	

> **小案例**
>
> 天津港北疆港区C段智能化集装箱码头，创新使用了我国企业自主研制的人工智能运输机器人（ART），见图5-11。这些智能运输机器人依托5G网络和北斗定位技术，实现了集装箱的自动化水平运输。全局路径规划与局部路径规划相结合的创新应用方式，使得ART能够实现精确引导和驾驶的协作、管理与控制。在这一高效作业模式下，7 000多个集装箱的作业任务仅耗时37h，创下1h装卸近200箱的作业效率纪录。

图5-11 天津港运输机器人

3. 物流机器人在包装码垛作业中的应用

在包装码垛作业场景中，物流机器人技术的普及与应用已蔚然成风。堆垛机器人适用于纸箱、袋装、罐装、箱体、瓶装等各种形状的包装成品码垛作业，为提升物流行业的整体效率和降低成本提供了有力支持。具体应用见表5-3。

表5-3 物流机器人在包装码垛作业中的应用

序号	应用场景	内容	作用
1	自动化码垛	物流机器人按照预设的程序或算法，自动抓取、搬运和堆叠包装好的物品，自动码放在托盘或货架上	提高码垛效率，减少人工操作的误差和劳动强度
		物流机器人可以适应不同尺寸、形状和重量的货物，并根据不同的码垛要求灵活调整	
2	精准定位与抓取	物流机器人通过先进的视觉系统和传感器技术，能够精确识别并定位包装物，控制码垛的位置、高度和稳定性	保证码垛的准确性和稳定性，确保作业安全性
3	智能化管理	物流机器人通过安全保护装置和监控系统，可以实时监控作业进度、自动调整参数和优化作业路径	提高作业效率和资源利用率

> **小案例**
>
> 在某乳企的生产线上，码垛机器人可以自动完成乳制品的码垛工作。这些机器人经过精确编程，能够适应不同尺寸和形状的乳制品包装，如牛奶盒、酸奶瓶等。它们利用高精度的传感器和视觉系统，能够准确地识别和抓取产品，然后按照预设的垛型和层数进行堆叠，以确保生产线的连续性和高效性，从而提升了产品质量。

4. 物流机器人在冷链物流中的应用

物流机器人在冷链物流领域的应用日渐普遍，它们通过先进的技术和自动化功能，极大地提升了冷链物流的效率和准确性。具体应用见表5-4。

表5-4 物流机器人在冷链物流中的应用

序号	应用场景	内容	作用
1	冷链货物存储	物流机器人能够在低温环境下稳定运行,自动识别和搬运不同规格和重量的冷链货物,如食品、药品等	提高冷链物流的效率和精确度,减少人工操作的错误率
2	温度监控与记录	物流机器人通过温度传感器和物联网技术,可以实时监测货物的温度、湿度和其他环境参数,并将数据记录在云端	保证货物在运输过程中的温度稳定,提高了产品的质量和安全性
3	库存管理与优化	物流机器人可以实时记录货物的进出库情况,实现冷链物流中心库存的精确管理。通过数据分析,预测货物需求趋势,优化库存布局	优化库存管理,减少库存积压和浪费,提高库存周转率

> **小案例**
>
> 粤十机器人自主研发的专用于冷库作业场景的人工智能机器人叉车,具备先进的抗低温性能和高负载搬运能力,通过人工智能技术实现自主导航、精准堆垛和物料管理,适应-25℃以下的低温环境,能够完成重达1 500kg货物的搬运作业,实现了冷链物流环节的无人化操作。

任务实施

任务单见表5-5。

表5-5 任务单

任务:设计物流机器人选择与配置方案			
任务目的	学生分组探究物流作业与物流机器人的关系,理解物流机器人如何满足不同作业需求,初步探讨选择物流机器人的考虑因素,培养学生自主学习能力		
任务组织	根据班级人数将学生分成若干小组,每组选一名组长,各组在组长的带领下开展活动,在物流作业需求与物流机器人性能分析的基础上设计"物流机器人选择与配置方案",然后进行方案汇报与答辩,接受提问并进行合理解释		
任务流程	任务环节	核心要点	
^	教师介绍本任务的内容、要求及注意事项	(1)小组选择一种具体的物流作业类型,实地考察或模拟该作业场景,记录作业流程、工作环境、效率要求、安全标准等信息 (2)查阅资料,收集至少5款适用于该作业类型的物流机器人产品信息,整理其性能特点、适用环境等 (3)对比作业需求与物流机器人性能,分析各款物流机器人的优缺点,初步判断其适用性 (4)学生撰写学习心得,总结在项目中收获的知识、技能和经验教训,评估自身在物流机器人选择与配置方面的专业能力提升	
^	每组汇报与答辩	(1)将整理好的作业流程、工作环境、效率要求、安全标准等信息整理成报告,包含文字描述、图表展示、照片附录等,确保内容条理清晰、易于理解 (2)汇报者口齿清楚、声音洪亮,语调有一定的感染力 (3)汇报者能向同学们展示小组成果,清晰、有条理地介绍不同物流作业类型下物流机器人的选用,并能举例说明物流机器人适用的物流场景	
^	教师点评	(1)检查学生的观点是否正确,逻辑是否严谨,是否准确表达了主题信息,是否有创新性 (2)评估汇报内容的完整性与准确性,查看是否存在知识性错误或遗漏重要知识点	
^	教师总结	(1)肯定学生在小组任务中的表现,如内容的深度与广度、表现形式或观点阐述上的创新之处等 (2)鼓励学生展现独立见解和批判性思维	
考核要求	本任务的考核主要以小组为单位进行,考核的主要内容有小组成员共同整理的文献资料、演示材料,物流机器人选择与配置知识等。根据各小组的表现,评选出优秀小组。最后将本任务的相关材料归档		

任务评价

任务评价表见表5-6。

表5-6 "设计物流机器人选择与配置方案"任务评价表

评价项目	分值	评价标准	自评（20%）	他评（30%）	师评（50%）	实际得分
物流机器人基本知识	10	了解物流机器人的概念				
	20	能够概括物流机器人的主要功能				
	10	能够列举物流机器人的种类				
应用能力	40	能够在物流作业需求与机器人性能分析的基础上设计"物流机器人选择与配置方案"				
方案设计与表达能力	20	能够清晰、完整地进行方案展示并回答问题				
合计						

拓展阅读

探秘京东仓储"黑科技"——分拣机器人

在京东武汉"亚洲一号"机器人分拣中心的平台上，300个由京东自主研发的分拣机器人正在井然有序地取货、扫码、运输、投货。作为京东智慧物流的重要组成部分，这些智能分拣机器人已经正式投入运营，不仅将极大提升分拣效率，还将使货物的分拣更准确、更安全。

京东武汉"亚洲一号"机器人分拣中心负责人介绍，这套名为"地狼"的智能分拣机器人系统，极大地提高了京东对于中小件商品的分拣速度，让消费者、商家享受到更快捷的物流速度。"地狼"是京东物流自主研发的搬运式货到人拣选系统，可将货架搬运至固定的工作站以供作业人员拣选。"地狼"颠覆了传统"人找货"的拣选模式，变为"货找人"，工作人员只需要在工作台领取相应任务，等待"地狼"将货架搬运过来再进行相应操作即可。

和传统的履带式分拣相比，分拣机器人运行时不仅灵活高效，而且适应性更强，对场地要求更低。立体化的平台可以根据需要随时进行扩充或缩减，机器人的数量也能根据场地条件进行灵活增减。

在维护方面，分拣机器人后期维护更加简单、快捷。传统分拣线发生故障后往往整条生产线都得停运，但智能分拣系统只需将发生故障的单个机器人移除即可，不会影响其他机器人的正常工作，从发生故障到恢复生产只要20s。

为了适应商流的变化，京东物流在行业内最早指出"智慧物流""智慧供应链"趋势并进行战略布局。2017年，京东物流在上海建成全球第一个全流程无人仓，商品的入库、收货、上架、拣选、包装、分拣等全程采用机器人和无人化模式。未来，京东还将不断在技术上进行创新探索，持续进行产品的快速迭代与资源的持续投入，实现更多智慧物流领域的多重突破。

作业与练习

一、单项选择题

1. 物流机器人的主要功能不包括（　　）。
   A. 自动化搬运与装卸功能　　　　B. 安全保障功能
   C. 远程监控功能　　　　　　　　D. 智能导航功能

2. 下列选项中，可以自动识别并抓取货物的是（　　）。
   A. AGV　　　　　　　　　　　　B. 堆垛机器人
   C. 拣选机器人　　　　　　　　　D. 分拣机器人

3. 下列选项中，可以通过激光雷达、摄像头等传感器进行导航和避障，并配备高精度的地图和定位系统的是（　　）。
   A. AGV　　　　　　　　　　　　B. 堆垛机器人
   C. 拣选机器人　　　　　　　　　D. 配送机器人

4. 下列选项中，可以实现"货到人"拣选，有效提升作业效率的是（　　）。
   A. AGV　　　　　　　　　　　　B. 堆垛机器人
   C. 拣选机器人　　　　　　　　　D. 无人叉车

5. 下列选项中，具有自主导航、路径规划、物料运输等功能的是（　　）。
   A. 分拣机器人　　　　　　　　　B. 堆垛机器人
   C. AGV　　　　　　　　　　　　D. 无人叉车

二、判断题

1. 物流机器人通过图像识别和传感器技术，自动化地识别和分拣货物。（　　）
2. 物流机器人可以完全替代人类进行仓库管理和货物配送工作。（　　）
3. 物流机器人只能在仓库内部工作，无法与其他物流设备进行协同作业。
　　　　　　　　　　　　　　　　　　　　　　　　　　　　　　（　　）
4. 物流机器人的维护成本较低，不需要经常进行保养和维修。（　　）
5. 物流机器人在未来将会成为物流行业的主要力量，推动物流行业的快速发展。
　　　　　　　　　　　　　　　　　　　　　　　　　　　　　　（　　）

三、技能训练题

为一个实际的物流场景（如电商仓库、冷冻食品配送中心、汽车零部件制造厂物流区等）选择和配置合适的物流机器人，并说明选择理由。

任务二　自动化立体仓库的应用

任务描述

自动化立体仓库是现代物流技术的重要标志，代表着仓储设施的智能化、自动化水平，是实现高效率物流和大容量储藏的关键系统，是现代物流系统的一个重要组成部分。随着工业4.0、智能制造、物联网等技术的快速发展，自动化仓储已成为提升仓库利用率、加快货物存取速度、降低仓储成本、提高仓储管理水平、增强竞争力的必然趋势。学习自动化立体仓库的应用，有助于学生紧跟科技前沿，理解并适应行业未来发展方向。

本任务主要介绍自动化立体仓库应用的基本知识并分析不同行业（如电商、医药、食品、制造业等）中自动化立体仓库的应用场景。通过学习本任务，学生能够了解自动化立体仓库的运作机制、掌握其在实际物流作业中的应用，并具备解决实际问题的能力。

知识准备

知识点1：自动化立体仓库的构成

自动化立体仓库（Automated Storage and Retrieval System，AS/RS）又称自动化高架仓库系统或自动化存储系统（见图5-12、图5-13）。它是一种基于高层货架，利用计算机进行控制管理，采用自动化存取输送设备自动进行存取作业的仓储系统。它由一系列关键组件协同构建而成，每个部分都承载着重要的职能，以确保仓库的高效运作和货物的安全存储。自动化立体仓库的主要组成部分见表5-7。

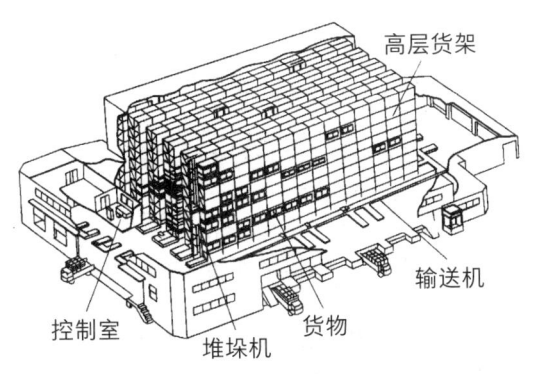

图5-12　自动化立体仓库示意图　　　图5-13　自动化立体仓库

表5-7 自动化立体仓库的主要组成部分

序号	组成部分	主要功能
1	输送系统	输送系统是自动化立体仓库实现货物运输的关键部分,通常由计算机控制,可以根据仓库管理系统的指令自动运行。包括输送带、电梯、升降机等设备,用于将货物从一个区域运送到另一个区域
2	存储设备	存储设备主要包括货架、货位和堆垛机。货架是用于存放货物的结构,货位是货架上的存储空间,而堆垛机则是用于将货物从货位上取下或将货物放到货位上的机械设备,通常由计算机控制,可以根据仓库管理系统的指令自动完成货物的存储和取出
3	仓库管理系统	仓库管理系统是自动化立体仓库的核心,它负责管理货物的存储、取出和运输等工作。通常由计算机软件和硬件组成,可以实时监控仓库的运作情况,自动调度输送系统和堆垛机,以确保仓库的高效运作和货物的准确存储
4	控制系统	控制系统用于监控和控制仓库内各个设备的运行,通常由计算机和传感器组成,可以实时监测设备的状态和仓库内的环境参数,如温度、湿度等。根据监测结果,控制系统可以自动调整设备的运行参数,以确保仓库的安全和稳定运行
5	安全系统	安全系统用于保护货物和人员的安全,通常包括监控摄像头、入侵报警器、灭火设备等,可以实时监控仓库内的情况,并在发生异常情况时及时报警或采取相应的措施。安全系统还可以与其他系统集成,以实现全面的安全管理
6	数据管理系统	数据管理系统用于管理和分析仓库的各种数据,可以记录和存储仓库的运作数据、货物信息、库存情况等,并通过数据分析和报表生成等功能,为仓库管理人员提供决策支持和优化建议

> **小知识**
>
> 自动化立体仓库的工作原理基于先进的自动化技术和智能控制系统。入库时,货物经自动识别后,由智能系统计算存储位置,并指导自动化设备准确存放。出库时,系统根据指令和货物信息迅速定位并取出货物。分拣环节则通过智能设备和算法实现快速、准确的分类作业。同时,系统支持实时监控,确保设备状态和货物信息准确无误。整个流程实现了高度自动化和智能化,显著提升了仓库运作效率。

知识点2:自动化立体仓库的类型

自动化立体仓库按照货架高度、建筑物形式及货架结构等分为不同类型,每种类型都有其特点和适用场景。

1. 按照货架高度分类(见表5-8)

表5-8 按货架高度分类的自动化立体仓库

序号	货架类型	结构特点
1	低层立体仓库	货架高度在5m以下,一般都是通过老仓库进行改建的;适用于中小型企业或对存储高度要求不高的货物
2	中层立体仓库	货架高度在5~15m之间,这类仓库兼顾了存储密度与投资成本,适用于大多数常规物品的存储,广泛应用于制造业、零售业、第三方物流等领域
3	高层立体仓库	货架高度在15~30m之间,有极高的空间利用率,对仓储机械设备要求较高,建设难度较大,适合土地资源紧张、存储需求庞大的场合,如大型电商平台的中央仓库、大型制造业的原材料与成品仓库、城市配送中心等
4	超高层立体仓库	特指货架高度超过30m的极端案例,这类仓库对技术和设备要求极高,通常出现在对空间利用有极度需求且愿意投入大量资金的特定行业或大型项目中。由于其建设和运营成本较高,且对消防、抗震、设备稳定性等有严格要求,故较为罕见

2. 按建筑物形式分类（见表5-9）

表5-9　按建筑形式分类的自动化立体仓库

序号	货架类型	结构特点	优缺点	适用场景
1	整体式自动化立体仓库（见图5-14a）	货架与建筑物结构一体化，货架既是储存货物的构件，又是仓库屋顶和墙体的支撑结构	优点：建筑强度高、稳定性好、抗震性能佳、空间利用率高、能源效率高、长期运营成本较低 缺点：建筑时需考虑结构安全、消防规范等多方面因素，且建成后很难改动和扩展	适用于新建的大型仓库项目，尤其是那些具有高密度、大规模仓储需求的场景
2	分离式自动化立体仓库（见图5-14b）	货架设置在库房建筑之内，货架结构与库房建筑分离	优点：灵活性较高，可以根据现有建筑条件进行适应性改造或新建，对建筑物的改动较小，初始投资成本相对较低 缺点：在空间利用率、结构稳定性、建设成本、能源效率、消防设计以及维护管理等方面可能存在一定的局限性	适用于对现有仓库进行自动化升级改造，或者在土地使用条件有限、不需要超高存储容量的情况下应用

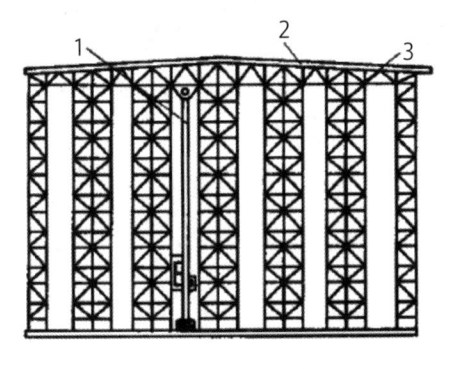

a）整体式 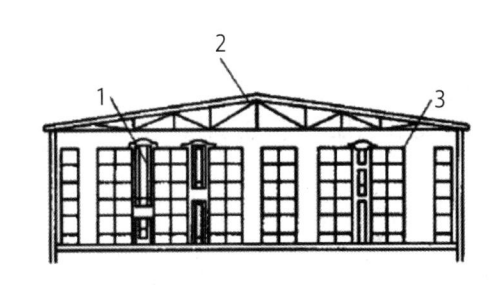　　　　b）分离式

图5-14　整体式与分离式自动化立体仓库

1—堆垛机　2—仓库建筑物结构　3—货架

> **小知识**
> 整体式自动化立体仓库侧重于长期高效运营和空间最大化利用，分离式自动化立体仓库则更注重现有资源的利用和短期投资回报。

3. 按照货架结构分类（见表5-10）

表5-10　按货架结构分类的自动化立体仓库

序号	货架类型	结构特点
1	货格式自动化立体仓库（见图5-15）	货格式自动化立体仓库的每层货架都由同一个尺寸的货格组合而成，开口是面向货架通道的，便于堆垛车行驶和存取货物，应用比较广泛
2	贯通式自动化立体仓库（见图5-16）	贯通式自动化立体仓库的货架之间没有间隔，没有通道，整个货架组合是一个整体。货架是纵向贯通的，存在一定的坡度，每层货架都安装了滑道，能够让货物沿着滑道从高处移动

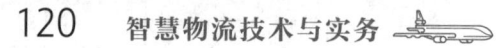

(续)

序号	货架类型	结构特点
3	自动化柜式立体仓库	自动化柜式立体仓库是可以移动的小型封闭立体化仓库。由外壳、控制装置、操作盘、储物箱和传动装置组成。其主要特点是封闭性强、小型化、智能化和轻量化，有很强的保密性
4	条形货架立体仓库	条形货架立体化仓库主要用于存放长条形的物品，如托盘、钢材、管材等。它的特点是存储量大，适用于存放各种大型物品，且可以根据需要进行任意组合和分割

图5-15　货格式自动化立体仓库

图5-16　贯通式自动化立体仓库

知识点3：自动化立体仓库的应用场景

1．在生产制造行业的应用

自动化立体仓库在生产制造行业的应用非常广泛，其高效、精准和可靠的特点使得生产流程得以优化，极大地提高了生产效率。其具体应用见表5-11。

表5-11　自动化立体仓库在生产制造行业的应用

序号	应用场景	内容	作用
1	汽车制造	自动化立体仓库通过立体货架、巷道堆垛机、出入库托盘输送设备、存储设备、控制系统等，实现汽车大量零部件和原材料的快速存储	有助于汽车制造业实现物料自动化流转和信息化系统管理，减少人工搬运，降低劳动力成本
2	机械制造	自动化立体仓库与企业生产管理系统实时连接，能够实现对订货、设计、规划、生产安排和生产发货等环节的精确管理	显著提高物料管理的效率和准确性，从而提升整体的生产效率
3	医药生产	自动化立体仓库以独特的托盘单元存储方式和自动作业方式，为药品存储提供了温度监控、批号管理和效期管理等功能	提高医药企业的物流作业效率，降低药品出库错误率，确保作业精准，降低成本

2．在物流行业的应用

自动化立体仓库在物流行业的应用（见表5-12）广泛且深远，其通过结合先进的自动化技术、信息化管理系统以及物流机器人等先进设备，显著提升了物流行业的运营效率和服务质量。

表5-12　自动化立体仓库在物流行业的应用

序号	应用场景	内容	作用
1	第三方物流	自动化立体仓库通过先进的仓储管理系统和自动化设备，完成货物的入库、存储、拣选和出库等操作，并能实时追踪货物的库存情况	第三方物流企业运用数据分析，能提升物流效率、降低成本、优化库存管理与服务品质，同时提供个性化方案，满足客户多元化需求
2	冷链物流	自动化立体仓库采用先进的温控与传感技术，实时调控库内温湿度，搭配智能化管理系统，实现货物的全程追踪与监控，保障冷链运输安全及可追溯性	提升冷链物流的处理与存储效率及运作流畅性，保障货物全程安全，维持质量稳定
3	电商物流	自动化立体仓库通过高效存储与检索系统快速应对电商海量订单，实现货物的敏捷精准存取，系统依据销售和库存数据自动优化货物布局与数量	提高订单处理效率，使电商更快响应客户需求，提升客户满意度，进而拉动物流效率与库存管理优化
4	零售及快消品物流	自动化立体仓库利用自动输送线、堆垛机、AGV等设备，快速精准处理零售及快消品订单，通过大量存储能力与生产线、销售渠道无缝对接	确保高效准确发货，提升客户满意度，巧解末端配送难题；同时加速商品流转，降本增效，增强企业竞争力

此外，自动化立体仓库还可以实现对快递包裹的自动化分拣和分配，提高了分拣的效率和准确性。而且，通过自动化机器人的搬运，可以实现货物的快速出库和快递员的快速取货，提高了快递服务的效率。

> **小知识**
>
> 自动化立体仓库系统具备强大的功能：①存储容量巨大。自动化立体仓库的货位数可多达30万个，能容纳30万个托盘。若按每托盘平均存储货物1t来估算，单个自动化存取系统可存储货物总量达30万t。②存取高度自动化。仓库的出入库以及库内搬运等作业流程，均在计算机精准控制下，以机电一体化的方式高效完成，极大提升了作业效率与精准度。

任务实施

任务单见表5-13。

表5-13　任务单

任务：实地参观与操作自动化立体仓库		
任务目的	安排学生参观自动化立体仓库现场，观察其运作流程，了解实际设备的安装、维护与操作方法，并参与简单的实际操作（如辅助监控系统操作、跟随企业导师进行日常检查）。通过活动，学生能够直观感受到自动化立体仓库的实际运作，理解其技术应用与管理维护的重要性	
任务组织	根据班级人数将学生分成若干小组，每组选定组长并按任务需求分工，明确目标与任务，讨论并准备可能提出的问题。在保证安全的前提下，由组长带领组员依序参观、实操，与企业导师互动交流。小组讨论并记录参观与实操过程中发现的问题，形成涵盖操作流程、收获、问题及建议的学习报告并进行汇报展示	
任务流程	任务环节	核心要点
	教师介绍本任务的内容、要求及注意事项	（1）与拥有自动化立体仓库的企业沟通，安排参观事宜，明确参观时间、内容、安全须知等

（续）

	任务环节	核心要点
任务流程	教师介绍本任务的内容、要求及注意事项	（2）在活动前，对学生进行安全教育，强调参观及操作安全守则，并要求预先复习自动化立体仓库的基础知识，包括构成、工作原理等，以确保参观学习的顺利进行 （3）全程陪同学生参观，配合企业导师监督学生参与简单的辅助操作，实时讲解设备与操作流程并解答疑惑，促进学生与企业导师互动交流，深入学习实战经验
	学生活动：小组分工合作，完成学习任务	（1）复习准备。复习自动化立体仓库的相关知识，准备好问题清单，以便参观时询问 （2）观察交流。认真观察自动化立体仓库的工作原理、布局设计、物流流程等，向企业导师提问，了解设备的实际操作经验、维护保养技巧、常见问题解决方法等 （3）实操体验。在企业导师指导下参与简单操作，体验辅助监控系统操作、进行日常检查等 （4）总结讨论。在班级内分享参观心得，交流各自的学习体会，讨论自动化立体仓库在实际应用中的优势与挑战
	教师点评	（1）参与度与主动性。是否主动提问并与企业导师积极互动 （2）团队合作。有无明确分工配合，能否相互支持、共同解决问题 （3）安全意识与职业素养。是否严格遵守安全规范，有无安全意识和责任感 （4）操作技能。能否按照指导迅速上手，是否掌握了辅助监控系统的操作方法和日常检查的基本流程
	教师总结	通过这次活动，学生不仅对自动化立体仓库的运作有了直观的理解，还在设备认识、操作技能、维护与安全意识等方面得到了锻炼。学生通过亲身体验实际操作过程，理解其技术应用与管理维护的重要性，为理论知识与实践技能的结合提供宝贵的实践经验
考核要求		本任务的考核主要以小组为单位进行，考核的主要内容有理论知识掌握程度、参观学习态度与参与度、实操技能、问题解决能力与创新思维表现、总结报告的质量与分享交流效果等。根据各小组的表现，评选出优秀小组，并将本任务的相关材料归档

任务评价

任务评价表见表5-14。

表5-14 "实地参观与操作自动化立体仓库"任务评价表

评价项目	分值	评价标准	自评（20%）	他评（30%）	师评（50%）	实际得分
自动化立体仓库基本知识	10	能够复述自动化立体仓库的概念				
	20	了解自动化立体仓库的构成与类型				
	10	能够描述自动化立体仓库的工作原理				
应用能力	40	能够对自动化立体仓库进行日常检查，能操作辅助监控系统等				
报告撰写与表达能力	20	能够条理清晰、完整地撰写学习报告并汇报展示				
合计						

拓展阅读

正泰集团自动化立体仓库的成功应用

正泰集团股份有限公司（以下简称"正泰"）始创于1984年，是低压电器行业的领军企业，主要设计制造各种低压工业电器、部分中高压电器、电气成套设备、汽车电器、通信电器、仪器仪表等。正泰自动化立体仓库主要设施包括托盘、高层货架、巷道式堆垛机以及计算机管理及监控调度系统。其占地面积达1 600m²（入库小车通道不占用库房面积），高度近18m，拥有3个巷道（6排货架）。其基本工作流程如下：

1. 入库流程

仓库二、三、四层两端六个入库区各设一台入库终端，每个巷道口各设两个成品入库台。操作员在终端输入商品信息后，系统通过人机界面收集数据，遵循存储优化原则（如均匀、下层优先、重物在下、就近存放和ABC分类）自动分配存储位，并指引巷道。随后，搬运工使用电瓶车将托盘货品转移至指定入库台，由堆垛机根据指令将货盘放置到系统分配的货位中。

2. 出库流程

底层两端为成品出库区，中央控制室和终端各设一台出库终端，在每个巷道口设有LED显示屏，提示本盘货物要送至装配平台的出库号。操作员输入出库商品信息后，系统遵循先进先出、邻近优先的原则自动匹配符合条件的货盘，调整库存记录，并输入指令将这些货盘移至对应巷道口的出库台。电瓶车随后将货盘从出库台运送至运输车辆。出库过程完成后，系统在客户界面自动生成出库单。

3. 回库空盘处理流程

底层出库后的部分空托盘经人工叠盘后，操作员键入空托盘回库作业命令，搬运工依据提示用电瓶车将空托盘送至底层某个巷道口。随后，堆垛机自动将空托盘送回立体库二、三、四层的原入口处，再由各车间将空托盘拉走，形成一定的周转量。

正泰利用自动化立体仓库，通过高度集成的自动化技术和信息系统，大幅度提升了仓储作业的效率和精确度。

作业与练习

一、单项选择题

1. 自动化立体仓库的主要特点是（　　）。
   A. 平面布局　　B. 人工搬运　　C. 多层高架结构　　D. 低效率
2. 在自动化立体仓库中，货物的存放方式是（　　）。
   A. 随意堆放　　　　　　　　B. 通过人工搬运到指定位置
   C. 通过自动化设备准确存放　　D. 不需要存放
3. 自动化立体仓库与传统仓库相比，其优势不包括（　　）。
   A. 提高空间利用率　　　　　B. 降低管理成本
   C. 提高存取效率　　　　　　D. 增加人力需求

4. 自动化立体仓库的核心部分是（　　）。
   A. 存储设备　　　　　　　　　B. 仓库管理系统
   C. 控制系统　　　　　　　　　D. 安全系统

5. 自动化立体仓库中，记录和存储仓库的运作数据、货物信息、库存情况等信息的是（　　）。
   A. 存储设备　　　　　　　　　B. 管理系统
   C. 数据管理系统　　　　　　　D. 安全系统

二、判断题

1. 自动化立体仓库完全不需要人工干预。（　　）
2. 自动化立体仓库的空间利用率低于传统仓库。（　　）
3. 自动化立体仓库中的设备可以24h不间断工作，不受时间限制。（　　）
4. 自动化立体仓库可以应用于各类产品的制造过程，如汽车、机械设备、药品、烟草等。（　　）
5. 货架是自动化立体仓库的核心部分。（　　）

三、技能训练题

1. 自动化立体仓库与传统仓库有哪些主要区别？
2. 模拟入库操作：尝试使用WMS输入入库指令，观察自动化设备响应过程。

任务三　无人机/车的应用

任务描述

近年来，随着科技的不断进步，无人机/车逐渐成为人们生活中不可或缺的一部分。无人机与无人驾驶车辆（无人车）技术在物流行业的广泛普及，正引领着该领域经历一场前所未有的革命性变革。这场变革不仅深刻重塑了物流运作的传统模式，还极大地提升了效率、降低了成本，并推动了物流服务的智能化、高效化与个性化发展。

本任务重点在于学习无人机/车应用的基本知识。请同学们以小组为单位，根据所学知识，查阅资料，比较不同类型无人机/车的性能特点，制作以"如何根据不同作业场景选择合适的无人机/车"为主题的PPT并进行演讲汇报。

知识准备

知识点1：无人机/车概述

1. 无人机

无人驾驶飞机简称"无人机"（Unmanned Aerial Vehicle，UAV），是利用无线电遥控设备和自备的程序控制装置操纵的不载人飞机，或者由车载计算机完全或间歇自主操作。从广义上看，无人机包括直升机式无人机、固定翼式无人机、多旋翼式无人机、飞艇式无人机、伞翼式无人机，甚至包括临近空间飞行器，如平流层飞艇、高空气球、太阳能无人机等。

无人机快递，即通过利用无线电遥控设备和自备的程序控制装置操纵的无人驾驶的低空飞行器运载包裹，自动送达目的地。其优点主要在于能够解决偏远地区的配送问题，提高配送效率，同时降低人力成本。缺点主要在于恶劣天气下无人机可能无法完成送货任务，在飞行过程中无法避免人为破坏等。

2. 无人车

无人车是一种无人驾驶的汽车，也称为自动驾驶汽车（Autonomous Vehicles；Self-driving Automobile）、计算机驾驶汽车或轮式移动机器人。它是一种通过计算机系统实现无人驾驶的智能汽车，是集成了多种技术的综合系统，包括传感器技术、信号处理技术、通信技术和计算机技术等。无人车利用车载传感器感知车辆周围的环境，并根据感知得到的道路、车辆位置和障碍物信息，控制车辆的转向和速度。无人车是计算机科学、模式识别和智能控制技术高度发展的产物，也是衡量一个国家科研实力和产业水平的重要标志。无人车通过无人驾驶技术，可以减少人为因素导致的交通事故；可以提高车辆的运输效率，降低人力成本；可以为人们提供更加便捷的出行方式，减少人力负担。

知识点2：无人机/车的分类

1. 无人机的分类

随着国内外无人机相关技术的飞速发展，无人机系统呈现出种类繁多、用途广泛且特点鲜明的态势，其在尺寸、质量、航程、航时、飞行高度、飞行速度和执行任务等多方面存在较大差异。无人机的分类见表5-15。

表5-15 无人机的分类

序号	分类方法	类别	类型及特点
1	按用途分类	军用无人机	有侦察无人机、诱饵无人机、电子对抗无人机、通信中继无人机、无人战斗机以及靶机等
		民用无人机	有巡查/监视无人机、农用无人机、气象无人机、勘探无人机以及测绘无人机等
2	按飞行平台构型分类（见图5-17）	固定翼式无人机	优点：飞行速度快、载荷大、续航时间长。对航程、升限等有要求的领域应用更广泛，譬如农业植保，军事侦察、打击等 缺点：起降受场地限制多，无法悬停，对控制系统要求高
		多旋翼式无人机	优点：具有垂直起降及精准悬停功能，体积小、操作灵活且成本低。对环境要求很低，可用于很多工业领域，譬如管道检修、仓库清点等 缺点：有效载荷小、续航时间短、作业面积小、速度慢
		直升机式无人机	优点：在使用上比固定翼式无人机更加灵活机动，比多旋翼式无人机能够承担更大的载荷。可用在军事侦察、海事巡逻以及应急救援等场景中 缺点：结构脆弱，故障率高，操控复杂，续航时间短
		伞翼式无人机	优点：利用机翼产生升力，能够在较低的飞行速度下维持稳定的升力效果，具有较长的飞行时间和较大的有效载荷能力 缺点：空气阻力大，速度慢，重复使用操作复杂
		扑翼式无人机	优点：通过扑动机翼产生升力和推进力，能够灵活地应对各种飞行环境，包括强风、突然变化的气流等，噪声较小和隐蔽性较好 缺点：飞行速度较慢，适用范围受限，发射和回收困难
		飞艇式无人机	优点：通过气囊结构和推进系统的组合，具有垂直起降、水平飞行和长航时能力。可以在空中持续进行监测、侦察或其他任务，无须频繁起降 缺点：机动性相对较差，其体积大、速度慢，容易受天气影响

a）固定翼式无人机　　b）多旋翼式无人机　　c）直升机式无人机

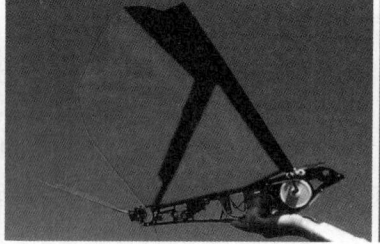

d）伞翼式无人机　　e）扑翼式无人机　　f）飞艇式无人机

图5-17 无人机按飞行平台构型分类

2. 无人车的分类

除了无人机，无人车也在不断地进行技术升级。无人车利用传感器检测周围环境和自身状态，包括导航定位信息、道路信息、其他车辆和行人等障碍物信息、自身的位置信息及运动状态信息，经过一定的决策规划算法后，精确控制车辆的速度和转向，不需要驾驶员的监控,即可使车辆安全到达目的地。无人车的分类可以从多个维度进行,以下是从控制方式进行的分类,具体内容见表5-16。

表5-16 无人车的分类

序号	类别	特点	应用场景
1	有线控制型无人车	结构简单,造价低。受拖缆限制,汽车行驶半径和距离均较小	可用于货物搬运、库存盘点和货架管理;也可用于工厂中的物料搬运、装配和质量检测等任务
2	感应控制型无人车	通过内置的传感器和先进的感知技术,能够实时感知周围环境,并进行智能决策和自主导航。可以适应不同的道路条件、天气状况和交通状况	可用于城市的出行服务(如自动驾驶出租车、自动驾驶公交车等)、货物的运输和配送;也可应用于一些特殊环境作业(如矿山、危险品运输等)
3	自主控制型无人车	通过雷达、激光、超声波、GPS、里程计、计算机视觉等多种技术来感知周边环境,并通过计算机控制系统来识别障碍物和各种标识牌,规划合适的路径来控制车辆安全行驶	在物流领域,无人车可以高效完成货物的运输和配送;在农业领域,无人车可以用于精准植保、农资运输、自动巡田、防疫消杀等方面;也可作为移动商店,实现零售业态的全面升级
4	遥控型无人车	通过无线电遥控系统对远距离运行的汽车发送指令,以进行实时控制,可以根据具体的任务需求灵活调整行驶方向和速度	可用于军事领域(如执行侦查、巡逻、打击等任务)、警务工作(如执行爆炸物处理、犯罪现场勘查等任务);也可用于爆炸物处理、核电站检查、有毒有害物质运输等危险环境

无人车按照不同作业场景分类有所不同。以京东为例,其研发的无人车主要分为无人配送车、无人物流车、无人搬运车以及无人巡逻车,具体内容见表5-17。

表5-17 京东无人车的分类

序号	类型	功能特点
1	无人配送车	专门为配送货物而设计的无人车。它能够在指定区域内自动完成货物的配送,并实现自主导航、避障、上下楼梯等功能
2	无人物流车	是一种应用于物流领域的无人驾驶汽车。它能够在高速公路上自主行驶,完成货物的运输任务,提高物流效率
3	无人搬运车	通过导引线、地磁、激光导航或惯性导航等技术进行导航,能够在仓库等场所内沿预定路径无人运行,常用于物料搬运、装卸、存储和产品分拣等任务
4	无人巡逻车	主要用于巡逻、安防等领域。它能够在指定区域内进行巡逻,监测周边环境,提高安全保障

> **小案例**
>
> 中国自主研制的无人车——由国防科技大学自主研制的红旗HQ3无人车,于2011年7月14日首次完成了从长沙到武汉286km的高速全程无人驾驶实验,创造了中国自主研制的无人车在一般交通状况下自主驾驶的新纪录,标志着中国无人车在环境识别、智能行为决策和控制等方面实现了新的技术突破。

知识点3:无人机/车在物流领域的应用

无人机/车技术的应用为物流企业提供了高效、可靠、安全、自动化、智能化的物流管理解决方案。目前,无人机/车技术在物流领域的应用非常广泛。无人机/车技术的应用实现了高质量的物流服务,能够帮助企业降低运营成本,提高效率,提升企业竞争力。

1. 智能仓储管理

智能仓储管理是现代物流体系中不可或缺的一环，它融合了物联网、大数据、人工智能等先进技术，实现了仓储作业的智能化、自动化与高效化。在这一趋势的推动下，无人机与无人车作为智能仓储管理的重要工具，正逐步成为提升仓储效率、降低成本、优化资源配置的关键力量。表5-18列举了无人机/车在智能仓储管理中的具体应用，展示了它们在自动化搬运、智能分拣、库存管理以及环境监控等方面的卓越性能与广泛应用。

表5-18 无人机/车在智能仓储管理中的应用

序号	应用场景	内容	作用
1	库存盘点	无人机能通过视觉识别、红外热成像等技术捕捉信息，对货物进行盘点、计数、测量、检视，实现灵活高效的库存管理，实现仓储管理的智能化	实时更新库存信息，提高盘点效率和准确性
2	仓库巡检	无人机和无人车可以在短时间内对仓库进行全面的检查，包括货物的存储情况、货架的状况、仓库的安全等	通过实时传输图像和数据，确保仓库安全运营
3	货物搬运	在高货架区域或者人难以到达的地方，无人机可以搭载小型货物进行快速准确地搬运	降低人力搬运的成本和风险，提高仓储作业效率

> **小案例**
>
> 中国一汽集团旗下的子公司一汽物流与百度云达成合作，引入无人机取代传统的人工盘点。搭载百度云ABC能力的无人机通过获取图像数据，基于视觉识别技术模型进行自动分析，并快速识别子库区及库内汽车数量、车辆所在车位号，视觉识别准确率高达100%。这一举措使库存盘点变得自动化与智能化，从而为企业降本增效，提升了盘点精确度。

2. 精准运输与配送

精准运输与配送是现代物流体系的核心环节，它要求以最短的时间、最低的成本将货物准确无误地送达客户手中。在这一需求的驱动下，无人机与无人车作为创新性的运输工具，正引领着运输与配送行业的深刻变革。表5-19列举了无人机/车在精准运输与配送领域的应用，展现了它们在提高运输效率、降低运营成本、增强配送精准度以及拓展服务范围等方面的独特优势。

表5-19 无人机/车在精准运输与配送领域的应用

序号	应用场景	内容	作用
1	快速配送服务	适用于快速配送服务，凭借灵活性强、速度快的优点，无人机可以避开地面交通拥堵，直接飞越障碍物，快速将包裹送达消费者手中。特别适合紧急药品、生鲜食品或其他急需物品的配送	缩短配送时间，确保物品的新鲜度和及时性
2	偏远地区配送	无人机可以不受地形和道路条件的限制，能够飞越山区、沙漠等复杂环境，将物品直接送达目的地。比如急需药品、救灾物资及农副产品等配送	提高流通效率，降低运输成本
3	"最后一公里"配送	适用于解决"最后一公里"配送问题。无人机/车可以在指定的区域内自主行驶，准确规划出最优的运输路径，将包裹或货物直接送达消费者手中	提高配送效率，降低人力成本，提供更加灵活的配送服务

> 📖 **小案例**
>
> 菜鸟网络推出了无人车"小蛮驴",它具备L4级自动驾驶能力,应用于高校和社区快递末端配送环节。用户可通过手机预约取件时间与地点,"小蛮驴"会自动将包裹送达指定位置。

3. 货物跟踪和安全监控

货物跟踪和安全监控是确保物流链条顺畅运行、保障货物安全的重要手段。在这一领域,无人机与无人车以其独特的优势,正逐步成为提升货物管理效率、增强安全监控能力的关键工具。表5-20展示了无人机/车在货物跟踪和安全监控方面的多样化应用,这些应用不仅极大地提升了物流过程的透明度,还为货物安全提供了全方位、全天候的保障。

表5-20 无人机/车在货物跟踪和安全监控中的应用

序号	应用场景	内容	作用
1	货物跟踪	无人机可以在不同高度和角度飞行,实现全方位、无死角的货物跟踪,当货物运输出现异常时,无人机可以迅速发现并响应,提供实时数据,帮助决策者快速做出调整	提高货物运输的透明度和可追溯性,提高了运输效率和服务质量
2	安全监控	无人机和无人车通过搭载的传感器和摄像头,对仓库或物流中心进行安全监控。一旦发现异常情况,如火灾、盗窃等,无人车可以立即发出预警,并采取相应的紧急措施,确保货物和人员安全	确保货物运输的安全性和可靠性,提高物流服务质量

> 📖 **小案例**
>
> 顺丰自2013年开始试飞小型无人机,现已成功研发出多款整机及配套软硬件,包括与之相应的运营管控系统、通信系统、无人机快递接驳柜等。并且,顺丰将支线大型无人机(见图5-18)、末端小型无人机(见图5-19)与干线大型有人运输机有机配合,形成航空运输网络。

图5-18 顺丰支线大型无人机　　图5-19 顺丰末端小型无人机

无人机和无人车在物流领域中的应用还处于发展阶段,目前仍存在一些技术、安全等方面的挑战需要解决,如技术成熟度、飞行安全问题以及法规和标准的制定等。随着国家

政策大力扶持、市场需求逐步提升，以及相关技术不断突破，无人机/车将在物流行业中扮演越来越重要的角色。

任务实施

任务单见表5-21。

表5-21 任务单

<table>
<tr><td colspan="3">任务：根据不同作业场景选择合适的无人机/车</td></tr>
<tr><td>任务目的</td><td colspan="2">使学生能够进一步掌握不同物流机器人的功能；同时，在小组合作过程中，培养学生分析和解决问题的能力，以及自主学习能力</td></tr>
<tr><td>任务组织</td><td colspan="2">根据班级人数将学生分成若干小组，每组选一名组长，各组在组长的带领下开展活动，结合所学知识并查找资料，制作以"如何根据不同作业场景选择合适的无人机/车"为主题的PPT并演讲汇报</td></tr>
<tr><td rowspan="4">任务流程</td><td>任务环节</td><td>核心要点</td></tr>
<tr><td>教师介绍本任务的内容、要求及注意事项</td><td>（1）以小组形式完成PPT制作，任务分工明确
（2）PPT内容包括无人机/车的类型以及其在不同场景的应用并举例说明
（3）PPT主题明确，内容切题，条理清晰，图文并茂</td></tr>
<tr><td>每组展示PPT，演讲汇报</td><td>（1）PPT内容清晰、布局合理、配色协调、图片清楚，有一定的创新性
（2）汇报者口齿清楚、声音洪亮，语调有一定感染力
（3）汇报者能向同学们展示小组成果，清晰、有条理地介绍不同物流作业场景下无人机/车的选用，并能举例说明无人机/车适用的物流场景</td></tr>
<tr><td>教师点评</td><td>（1）检查学生是否准确表达了主题、案例是否丰富、作业场景选择是否独到、信息是否注重时效
（2）评估汇报时的语速、语音及台风；在问答环节中，回答者是否自信、对主题的理解是否透彻、准备工作是否充分</td></tr>
<tr><td></td><td>教师总结</td><td>在活动中，学生探讨了无人机/车在现代作业中的应用策略，理解了如何匹配技术工具与实际需求，加深了对无人机/车应用领域的理解</td></tr>
<tr><td>考核要求</td><td colspan="2">本任务的考核主要以小组为单位进行，侧重于团队整体表现。考核的主要内容包括团队互动、前期筹备、沟通表达效果及对无人机与无人车应用领域的理解。根据各小组的表现，评选出优秀小组和最佳发言人。最后将本任务的相关材料归档</td></tr>
</table>

任务评价

任务评价表见表5-22。

表5-22 "根据不同作业场景选择合适的无人机/车"任务评价表

评价项目	分值	评价标准	自评（20%）	他评（30%）	师评（50%）	实际得分
无人机/车基本知识	10	了解无人机/车的概念				
	20	能够描述无人机/车的主要功能				
	10	能够列举无人机/车的分类				

（续）

评价项目	分值	评价标准	自评（20%）	他评（30%）	师评（50%）	实际得分
应用能力	40	介绍不同物流作业场景下无人机/车的选用，并能举例说明无人机/车适用的物流场景				
PPT制作与表达能力	20	能够清晰、完整地展示PPT，演讲汇报并回答问题				
合计						

拓展阅读

向"新"发力
——《人民日报》报道无锡无人机快递配送效率高

2024年7月24日，《人民日报》经济版刊发文章《低空经济"飞"到百姓身边》，文章中描述了无人机在无锡邮政快递领域的高效率应用场景——无锡市梁溪区一名用户收到来自本市新吴区一家单位快递来的合同，这单快递是由顺丰旗下无人机"空中快线"完成的。

用户表达使用感受："比想象的还要快！"；《人民日报》也高度赞扬了无锡市无人机快递配送业务高效率的配送模式。无锡市作为物流行业的创新先锋，积极向"新"发力，不断探索无人机配送技术的创新应用，推动物流行业的智能化、高效化发展，为消费者提供更加优质的快递配送服务，为物流行业树立了新的标杆。

作业与练习

一、单项选择题

1. 无人机在货物跟踪中，主要通过（　　）技术实现实时定位。
   A. GPS　　　　B. 蓝牙　　　　C. Wi-Fi　　　　D. 红外线

2. 无人车在进行货物配送时，其优点不包括（　　）。
   A. 提高配送效率　　　　　　B. 降低人力成本
   C. 提高运输安全性　　　　　D. 增加交通拥堵

3. 以下选项中，（　　）不是无人车的应用场景。
   A. 货物跟踪　　B. 仓储管理　　C. 公共交通　　D. 深海探险

4. 以下选项中，最适合进行仓库清点的是（　　）。
   A. 固定翼式无人机　　　　　B. 多旋翼式无人机
   C. 扑翼式无人机　　　　　　D. 伞翼式无人机

5. 以下选项中，（　　）能够在指定区域内自动完成货物的配送，并实现自主导航、避障、上下楼梯等功能。

  A. 无人搬运车   B. 无人配送车

  C. 无人物流车   D. 无人巡逻车

二、判断题

1. 无人机在货物运输中可以完全替代传统的人力运输。（　　）
2. 无人机在进行货物投递时，不会受到天气条件的影响。（　　）
3. 无人车在进行货物跟踪时，需要依赖人工进行监控。（　　）
4. 无人车在进行自主导航时，不会受到天气条件的影响。（　　）
5. 无人车通过GPS定位系统可以精确地知道自己在道路上的位置，因此不需要其他传感器。（　　）

三、技能训练题

1. 如何根据不同的作业场景选择合适的无人机/车？
2. 无人机作为一种新型的物流配送方式，在快速发展的过程中是否存在一些阻碍或者挑战？

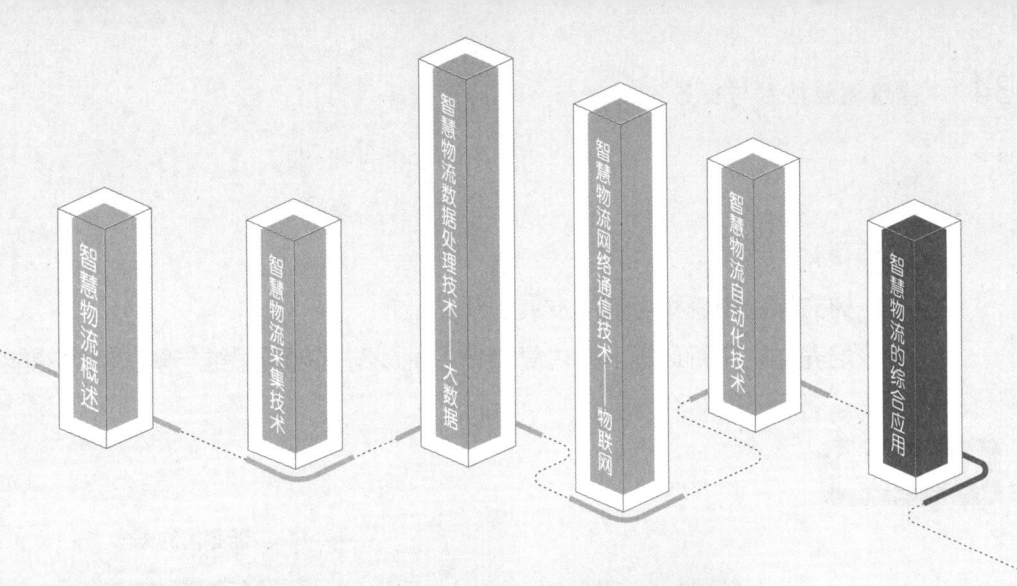

项目六
智慧物流的综合应用

项目概述

在现代经济快速发展的背景下，物流行业作为经济发展的重要支撑，其智能化转型已经成为必然趋势。智慧物流通过融合物联网、大数据、人工智能等先进技术，实现了物流全过程的数字化和智能化管理，极大地提升了物流运营效率和服务质量。项目六将重点探讨智慧物流在不同应用场景中的具体实现方式，涵盖"认知新零售环境下的智慧物流""智慧冷链物流的应用"和"智慧快递物流的应用"三个任务。

在新零售环境下，消费者对物流服务的需求日益个性化和多样化。智慧物流通过全渠道融合和智能化运营，不仅提高了物流效率，还显著提升了客户体验。智慧冷链物流则专注于生鲜食品、医药用品等对温度敏感的商品，通过智能监控和精准控制，确保商品在运输和储存过程中的质量和安全。智慧快递物流则致力于提高快递服务的时效性和可靠性，通过智能分拣、路径优化和无人配送等技术，实现了高效的快递服务。

学习目标

知识目标
- 了解新零售环境下的主要智慧物流技术的功能与优势。
- 了解智慧冷链物流基本运作模式。
- 掌握智慧快递物流各环节所应用的物流技术。

能力目标
- 能准确、合理地完成新零售企业智慧物流实施情况调研。
- 能根据企业实际需求，为企业选择合适的智慧冷链物流技术。
- 能结合智慧快递企业的需求，为企业选择合适的智慧快递物流技术。

素养目标

- 树立绿色物流和可持续发展的观念。
- 培养学生在新环境下面对复杂物流挑战时的创新思维与解决问题的能力。

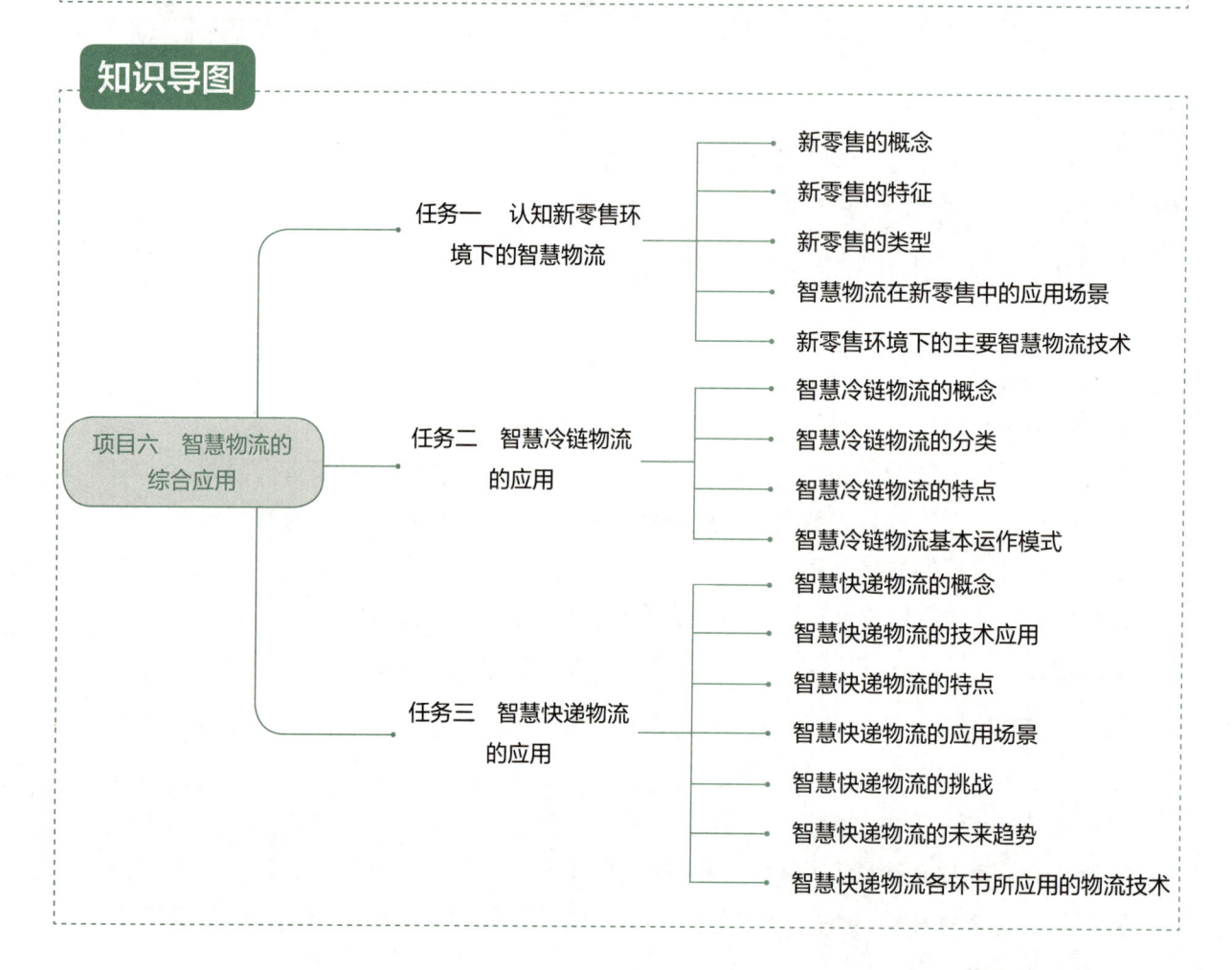

知识导图

项目六 智慧物流的综合应用

- 任务一 认知新零售环境下的智慧物流
  - 新零售的概念
  - 新零售的特征
  - 新零售的类型
  - 智慧物流在新零售中的应用场景
  - 新零售环境下的主要智慧物流技术
- 任务二 智慧冷链物流的应用
  - 智慧冷链物流的概念
  - 智慧冷链物流的分类
  - 智慧冷链物流的特点
  - 智慧冷链物流基本运作模式
- 任务三 智慧快递物流的应用
  - 智慧快递物流的概念
  - 智慧快递物流的技术应用
  - 智慧快递物流的特点
  - 智慧快递物流的应用场景
  - 智慧快递物流的挑战
  - 智慧快递物流的未来趋势
  - 智慧快递物流各环节所应用的物流技术

任务一 认知新零售环境下的智慧物流

任务描述

新零售作为一种全新的商业模式，正在迅速改变传统零售业的面貌。新零售环境下，消费者的购物行为更加多样化、个性化，线上线下的无缝衔接成为购物体验的重要部分。这种模式的变化对物流提出了更高的要求，物流系统需要具备更强的灵活性、实时性和精准性，以满足新零售的高效运作。智慧物流应运而生，成为新零售的坚实支撑。智慧物流通过大数据、物联网、人工智能和云计算等先进技术，实现对物流全流程的智能化管理。从库存管理、订单处理到配送优化，智慧物流能够实时监控、预测和调整，以最大化地满足消费者的需求。它不仅提高了物流效率，还显著降低了成本，增强了供应链的透明度和可追溯性。

在新零售环境下，智慧物流的应用场景极其丰富，包括智能仓储、自动分拣、无人配送、智能客服等。这些技术和应用场景的不断进步和普及，为零售企业提供了强有力的支持，帮助其在激烈的市场竞争中脱颖而出。请同学们以小组为单位，通过网络和实地考察的方式，调研新零售企业智慧物流实施情况，并填写调研表。

知识准备

知识点1：新零售的概念

新零售，即企业以互联网为依托，运用大数据、人工智能等先进技术手段，对商品的生产、流通与销售过程进行升级改造，进而重塑业态结构与生态圈，并对线上服务、线下体验以及现代物流进行深度融合的零售新模式。

> **小知识**
>
> 新零售是一种新兴的零售模式，它彻底改变了传统的零售业态，其核心在于重塑"人、货、场"三要素的关系，由过去的"场–货–人"转变为"人–货–场"，更加侧重于消费者的个性化需求和体验。

知识点2：新零售的特征

作为零售业的一场深刻变革，新零售以消费者体验为核心，是数字经济时代背景下对传统零售模式的重塑。以下是新零售的几个核心特征。

（1）全渠道融合。新零售模式下，线上与线下渠道不再独立存在，而是通过技术手段实现无缝对接和深度融合，消费者可以在任何时间、任何地点通过任何渠道进行购物。

> **小案例**
>
> **盒马鲜生——线上线下融合**
>
> 盒马鲜生是一家成功地将线上购物平台与线下实体店体验相结合的新零售代表企业。消费者可以在盒马App上下单，享受最快30min送达的便捷服务，同时也可以前往实体店进行挑选和现场加工体验。盒马通过店内智能购物车、自助结账等技术，提升线下购物体验，真正实现了线上线下的无缝连接。

（2）以消费者为中心。新零售强调消费者体验的极致优化，通过数据分析和技术应用，能够准确把握消费者需求，提供个性化的产品和服务。

> **小案例**
>
> 小米之家——数据驱动与个性化体验
>
> 小米之家是小米公司的线下零售店，通过分析线上用户行为数据，精准预测消费者需求，优化库存管理，实现个性化推荐。店内设置体验区，顾客可以亲身体验小米的各种智能设备，结合小米智能生态系统，提供定制化解决方案，增强了顾客的参与感和满意度。

（3）智能化运营。利用大数据、人工智能、物联网等技术，对零售的各个环节进行智能化改造，包括智能仓储、智能物流、智能推荐等，实现运营的高效化和精准化。

> **小案例**
>
> 文安智能助力实体商业
>
> 文安智能为实体零售提供了"人工智能+"综合解决方案，涵盖了从顾客行为分析、智能库存管理到精准营销的各个环节。通过人脸识别、行为识别等技术，实体商家能够更深入地理解顾客需求，优化商品布局和促销策略，实现精细化运营。

（4）数据驱动。数据成为新零售的核心资源，通过对海量数据的分析和挖掘，能够精准地进行市场预测、库存管理、营销策略制定等，提升整体运营效率。

> **小案例**
>
> 阿里巴巴的"千人千面"个性化推荐
>
> 阿里巴巴利用其强大的数据分析能力，通过用户浏览历史、购买记录、地理位置等多维度数据，为每位消费者提供个性化的产品推荐和购物体验。这种"千人千面"的策略极大地提升了用户转化率和用户满意度。

知识点3：新零售的类型

新零售作为一种创新的商业模式，打破了传统零售的界限，通过线上线下融合、数据驱动和技术应用，实现了零售业态的升级和转型，其主要类型见表6-1。

表6-1 新零售的类型

类型	定义	特点
全渠道零售	通过整合线上线下渠道，为消费者提供无缝购物体验的零售模式	线上线下库存共享 统一的会员体系 跨渠道营销和服务
无人零售	采用无人值守技术，消费者自助购物的零售模式	无人便利店 无人货架 自动贩卖机
社交电商	通过社交媒体和社交网络平台进行商品销售和推广的零售模式	社交分享和推荐 社群营销 直播带货
订阅电商	通过定期订阅模式为消费者提供产品和服务的零售模式	定期配送 个性化订阅服务 自动续订
体验式零售	通过提升购物体验吸引消费者的零售模式	线下体验店 增强现实（AR）和虚拟现实（VR）技术应用 互动式消费体验
生鲜电商	通过线上平台销售生鲜产品并进行配送的零售模式	生鲜食品在线销售 冷链物流配送 社区团购模式
跨境电商	通过电商平台进行国际商品交易的零售模式	全球商品采购 海外直邮和保税仓储 跨境支付和物流服务
定制化零售	根据消费者个性化需求定制产品的零售模式	个性化设计和生产 按需生产模式 消费者参与设计过程

> **小知识**
>
> 社交电商即社交电子商务，是电子商务的一种新型衍生模式。它借助微信、小红书、微博等SNS（社会性网络服务）的传播途径，通过社交互动、用户生成内容等手段来辅助商品的销售和购买活动。社交电商涵盖信息展示、支付结算以及快递物流等电子商务全过程，是电子商务和社交媒体的融合。在"互联网+"浪潮的席卷下，社交电商在新零售时代得到迅猛发展，并以其黏性大、互动性强、用户细分精确、营销成本低等特点成为电商领域的新贵。

知识点4：智慧物流在新零售中的应用场景

随着新零售时代的到来，消费者对购物体验的需求不断提升，传统物流模式已难以满足这种日益增长的需求。智慧物流通过运用大数据、物联网、人工智能等先进技术，全面提升了物流体系的效率和服务质量，成为新零售模式下的重要支撑。智慧物流不仅提高了仓储管理、配送和订单处理的效率，还通过智能化和自动化手段，为消费者提供了更加个性化和便捷的服务体验。智慧物流在新零售中的应用场景见表6-2。

表6-2 智慧物流在新零售中的应用场景

应用场景	具体应用	功能与优势
智能仓储	自动化仓储系统	提升仓库利用率和作业效率
	智能仓储管理系统	实时监控仓储状况，优化库存管理和物料流动 物联网传感器监测环境条件，确保货物存储条件符合要求
	仓储与配送一体化	在仓储环节进行订单分拣和包装，减少中间环节，加快配送速度
智能配送	无人机配送	快速、准确地将小件物品送达消费者，适用于交通不便地区或存在紧急配送需求的场景
	自动驾驶配送车	实现末端配送的自动化，减少对人工的依赖
	智能快递柜与无人超市	在社区、办公楼等地点布置智能快递柜，方便消费者自助取件
智能订单管理	订单处理系统	实时处理和跟踪订单，提高订单处理效率和准确性 与仓储、配送系统无缝对接，实现订单全流程的自动化管理
"最后一公里"配送优化	众包物流	通过众包模式调动社会闲散运力资源，提升配送灵活性和效率
	智能调度系统	通过大数据和人工智能技术，优化配送路径和调度方案，降低物流成本，提升配送效率
客户服务与体验提升	智能客服系统	通过自然语言处理和人工智能技术，提供全天候客户服务，提升客户体验
	个性化物流服务	根据消费者需求，提供个性化配送方案，如定时配送、隐私保护配送等
物流全程可视化	实时追踪系统	提供物流全程的可视化追踪服务，让消费者随时了解订单状态，提升物流透明度和信任度
绿色物流	绿色配送	使用新能源配送车辆和环保包装材料，减少碳排放和环境污染
	退换货管理系统	简化退换货流程，提高处理效率和消费者满意度 实时监控和管理退换货物流，优化逆向物流过程
	逆向物流与循环利用	建立逆向物流体系，实现商品回收和再利用，减少资源浪费

> **小知识**
>
> 近年来，中国智慧物流市场规模呈高速增长状态。数据显示，2020年中国智慧物流市场规模近6 000亿元，2021年中国智慧物流市场规模达6 477亿元，同比增长10.9%。随着物流业与互联网融合的进一步深化，我国智慧物流市场规模不断增长。2023年，我国智慧物流市场规模约7 903亿元。中商产业研究院预测，2024年中国智慧物流市场规模将达到8 546亿元。

知识点5：新零售环境下的主要智慧物流技术

在新零售时代，消费者需求的多样化和个性化对物流系统提出了更高的要求，传统的物流模式已难以满足这一需求。智慧物流技术通过整合大数据分析、物联网、人工智能、云计算、区块链、自动化与机器人等先进技术，推动物流行业的全面升级与变革。新零售环境下的主要智慧物流技术见表6-3。

表6-3　新零售环境下的主要智慧物流技术

智慧物流技术	具体应用	功能与优势
大数据分析	数据收集、处理与分析，需求预测，库存管理优化	提升数据处理能力，精准预测需求，优化库存和供应链管理
物联网	智能传感器与RFID，智能货架与仓储，实时监控与追踪	实时监控物流状态，提高库存管理和物流效率，减少货损货差
人工智能	智能推荐系统，需求预测与库存优化，智能客服与机器人	提高服务质量和运营效率，提供个性化服务，优化资源配置
云计算	云存储与计算服务，数据共享与处理，弹性计算资源	提高数据处理和存储效率，支持大规模数据分析，降低IT成本
区块链	供应链溯源与透明化，智能合约，数据安全与防篡改	确保数据安全与透明，提升供应链协作效率，降低欺诈风险
自动化与机器人	自动化仓储与分拣系统，自动驾驶车辆，无人机配送	提高作业效率和准确性，降低人力成本，提高物流速度和灵活性

> **小案例**
>
> 菜鸟网络的全球供应链解决方案
>
> 阿里巴巴旗下的菜鸟网络通过大数据分析和云计算技术，为商家提供端到端的全球供应链解决方案。从商品预测、智能分仓、跨境物流到"最后一公里"配送，菜鸟网络能够在全球范围内实现货物的高效调度和透明化管理，支持新零售的全球化拓展。

任务实施

任务单见表6-4。

表6-4　任务单

任务：调研三家典型新零售企业智慧物流实施情况		
任务目的	随着新零售的快速发展，智慧物流成为企业提高效率、优化成本的重要手段。通过调研典型新零售企业的智慧物流实施情况，了解其核心技术和应用场景，可以帮助学生更好地掌握智慧物流的实际应用	
任务组织	根据班级人数将学生分成若干小组，每个小组需要调研三家典型新零售企业，了解其智慧物流实施情况，并填写调研表	
任务流程	任务环节	核心要点
	确定调研企业	选择三家典型新零售企业
	数据收集	采用实地调研、企业访谈、问卷调查等方式，收集企业智慧物流实施的相关数据 记录调研过程中获取的信息，包括企业的技术应用、系统功能、实施效果等
	填写调研表	分析收集到的数据，整理出各企业智慧物流实施的特点和效果 根据调研数据填写调研表

（续）

任务环节	核心要点				
	调研项目	具体内容	企业一	企业二	企业三
任务流程 填写调研表	企业概况	公司名称、公司简介、主营业务、市场定位			
	智慧物流技术应用	大数据应用情况、物联网技术应用情况、人工智能技术应用情况、云计算应用情况、区块链应用情况			
	智慧物流系统功能	智能仓储（自动化仓库、库存管理系统）、智能配送（无人机、自动驾驶车辆）、订单管理系统、逆向物流管理			
	实施效果	提高效率的具体表现、降低成本的具体数据、提升客户体验的具体案例			
	创新点和不足	企业在智慧物流实施中的创新点、存在的不足和面临的挑战			
教师点评	（1）信息的丰富度。是否涵盖了智慧物流的核心技术和应用场景 （2）案例的代表性。案例有无展示企业在智慧物流实施中的创新点 （3）学习态度。是否勇敢表达自己的想法和疑问，积极提问并与企业导师互动				
教师总结	学生调研典型新零售企业的智慧物流实施情况，了解其核心技术和应用场景。通过活动帮助学生掌握智慧物流的实际应用并加深他们对现代零售业运作模式的理解				
考核要求	本任务的考核主要以小组为单位进行，考核的主要内容有小组成员的分工协作情况、调研表完成情况等				

任务评价

任务评价表见表6-5。

表6-5 "调研三家典型新零售企业智慧物流实施情况"任务评价表

评价项目	分值	评价标准	自评（20%）	他评（30%）	师评（50%）	实际得分
确定调研企业	20	选择的企业与新零售和智慧物流密切相关，企业的市场地位和影响力是行业的典型代表				
数据收集	30	数据准确、可靠、全面，收集过程规范				
填写调研表	50	调研表中的所有项目填写完整，信息详细、全面				
合计						

拓展阅读

加快培育新业态新模式，推动平台经济与共享经济发展

2021年12月12日，国务院印发《"十四五"数字经济发展规划》，其中提到，加快培育新业态新模式。推动平台经济健康发展，引导支持平台企业加强数据、产品、内容等资源整

合共享，扩大协同办公、互联网医疗等在线服务覆盖面。深化共享经济在生活服务领域的应用，拓展创新、生产、供应链等资源共享新空间。发展基于数字技术的智能经济，加快优化智能化产品和服务运营，培育智慧销售、无人配送、智能制造、反向定制等新增长点。

此外，规划提到，2025年数字经济将迈向全面扩展期，全国网上零售额预期达到17万亿元，电子商务交易规模预期达到46万亿元。

作业与练习

一、单项选择题

1. 新零售的核心特征不包括（　　）。
    A. 全渠道融合　　　　　　　　B. 以消费者为中心
    C. 单一销售渠道　　　　　　　D. 智能化运营
2. （　　）技术在新零售中的应用可以显著提升订单处理效率。
    A. 人工智能　　B. 虚拟现实　　C. 3D打印　　D. 光学字符识别
3. 在智慧物流系统中，（　　）技术主要用于实现物流状态的实时监控。
    A. 大数据分析　　B. 物联网　　C. 区块链　　D. 云计算
4. 社交电商主要依靠（　　）进行商品销售和推广。
    A. 实体店　　　　　　　　　　B. 社交媒体和社交网络平台
    C. 广播电视广告　　　　　　　D. 传统报纸
5. 以下新零售类型中，通过无人值守技术实现自助购物的是（　　）。
    A. 社交电商　　　　　　　　　B. 体验式零售
    C. 无人零售　　　　　　　　　D. 跨境电商

二、判断题

1. 新零售模式下，线上与线下渠道仍然是独立存在的。（　　）
2. 智能仓储管理系统可以实时监控仓储状况，优化库存管理。（　　）
3. 在新零售中，数据驱动的目的是提高整体运营效率。（　　）
4. 智慧物流的主要目的是降低物流成本，提高物流效率。（　　）
5. 社交电商是一种通过实体店进行商品销售的模式。（　　）

三、技能训练题

1. 请列举新零售环境下的主要智慧物流技术，并简要说明它们的功能。
2. 以小组为单位，调研我国新零售的发展历程，绘制发展路线图。

任务二　智慧冷链物流的应用

任务描述

随着城市化进程的加快和消费升级，A生鲜零售企业正面临着前所未有的市场机遇与挑战。消费者对新鲜、健康食品的需求日益增长，加之电商渠道的蓬勃兴起，使得传统的冷链物流体系难以满足当前快速响应、高效配送的要求。在此背景下，A生鲜零售企业决定在新拓展的百座城市的核心区域新建智慧冷链配送中心，以此为核心驱动力，全面革新其供应链体系。此举旨在通过科技赋能，构建从田间到餐桌的全链条智慧冷链网络，确保每一份食材的新鲜与安全送达。同时，这也标志着企业向规模化、智能化转型迈出了关键一步。

假设你被任命为该项目的负责人，任务是通过实地调查或网络调查，为A生鲜企业选择适用的智慧冷链物流技术，并设计一套高效的业务流程。

知识准备

知识点1：智慧冷链物流的概念

智慧冷链物流是指立足于物联网、云计算平台，集成智能化、电子化、信息化等尖端科技，以海量数据挖掘、无线物联与智能远程控制为核心手段，将智能控制技术与移动互联网结合并应用于冷链，最终实现产品从出库到消费者家中全冷链的智能管控物流模式。

知识点2：智慧冷链物流的分类

智慧冷链物流作为现代冷链物流体系的重要组成部分，融合了先进的信息技术与传统的冷链物流管理，旨在提升物流效率、保障货物品质、降低运营成本。依据不同的标准，智慧冷链物流根据其服务对象、服务模式、技术应用等不同维度，可以划分为多个类别，见表6-6。

表6-6 智慧冷链物流的分类

分类标准	类型	服务对象
按服务对象分类	初级农产品型	水果、蔬菜；畜类、禽类等初级产品；鱼类、甲壳类等
	加工食品型	冷冻饮品、乳制品、速冻食品、预制菜等
	医药用品型	药品、生物试剂、医疗器械等
	工业用品型	电子产品、工业橡胶、化学原料、涂料、精密仪器等
按服务模式分类	仓储型	专注于冷库的智慧化管理，运用智能系统调控温湿度，提升库存管理效率
	配送型	强调末端配送的智能化，通过温控配送车辆与实时监控确保货物新鲜度
	运输型	注重运输途中的智能温控与跟踪，确保货物在移动中的品质
	综合型	提供从仓储到配送的全方位智慧冷链物流服务，实现供应链的无缝链接
	平台型	构建信息共享平台，连接各参与方，优化资源匹配与调度
	电商型	整合电商平台，为线上交易提供定制化的冷链物流解决方案
	供应链型	实现供应链上下游的紧密协同，从原材料采购到消费者终端的全程智慧管理
按技术应用分类	物联网技术应用型	利用传感器、GPS等技术实现货物状态的实时监控与追踪
	大数据分析型	基于数据分析优化物流路径、预测需求、提高响应速度
	人工智能型	在智能调度、风险预警、自动化分拣等领域提升物流效率

> **小知识**
>
> 2020年9月11日，国家卫生健康委员会、国家市场监督管理总局发布《食品安全国家标准 食品用香精》（GB30616—2020）等38项食品安全国家标准和4项修改单的公告。其中，由国家食品安全风险评估中心、中物联冷链委等单位共同起草的《食品安全国家标准 食品冷链物流卫生规范》（GB31605—2020）强制性国家标准于2021年3月11日正式实施。
>
> 《食品安全国家标准 食品冷链物流卫生规范》（GB31605—2020）的内容包括范围、术语和定义、基本要求、交接、运输配送、储存、人员和管理制度、追溯及召回、文件管理等方面的要求和管理准则。该标准适用于各类食品出厂后到销售前需要温度控制的物流过程。

知识点3：智慧冷链物流的特点

智慧冷链物流是现代物流体系中的高端形态，它深度融合了物联网、大数据、云计算及人工智能等前沿科技，彻底革新了传统冷链物流的运作模式。其核心在于通过全程的智能化管理和控制，实现对温敏商品，如食品、药品等，在供应链每一环节的精准温湿度控制与实时监控，从而保障商品质量、提升物流效率并确保消费安全。以下是智慧冷链物流的几个显著特点。

（1）智能化。利用智能监控系统对冷链储存、运输过程进行监控与管理，包括温湿度传感器、RFID、GPS及软件管理系统。

> 📖 **小案例**
>
> 　　罗牛山冷链物流园坐落于海口江东新区核心——桂林洋开发区内，占地325亩（1亩=666.67m²），总投资16亿元，建筑面积约21万m²，总仓储容量30万t（其中：生鲜加工及中央厨房4万t，冷冻冷藏库6万t，恒温仓20万t），包含5座大型现代化多温层食品仓库和1幢高标准写字楼。凭借自贸港政策与地理优势，该园区成为海南规模最大的现代化冷链物流中心之一。通过智慧物流技术的应用，园区运营实现了智能化、机械化和信息化管理，满足各类商品需求，并集仓储、进出口贸易、智能分拣包装、流通加工及城市配送功能于一体。

（2）平台化。以大数据、物联网技术、IT技术为依托，融合物流金融、保险等增值服务，构建"互联网+冷链物流"的冷链资源交易平台。该平台为客户提供从产地收储、分级、质检，到生产加工、过程管理、耗损管理、冷链运输、配送及分销的一站式供应链服务，助力生鲜农产品打造完善的供应链网络。

> 📖 **小案例**
>
> 　　澳慧冷云智慧冷链物联网平台是一个全面覆盖冷链运输流程的信息化平台，它利用软件与硬件设备的通信技术，实现实时数据收集、分析与处理，从冷链生产、运输到仓储的全链条追溯。不仅监控货物在途状态，包括温度、位置等关键信息，还通过云端大数据分析，提前预警潜在问题，优化物流路径，减少损耗，提高响应速度。
>
> 　　此外，平台还促进供应链各参与方的数据共享，增强协同作业能力，为客户提供定制化服务方案，增加客户满意度并推动冷链物流行业的数字化转型。

（3）专业化。智慧冷链物流的专业化在生产、存储及运输的全流程中得到了充分体现，包括精准温控、智能预警、自动化管理、高效调度和供应链优化。这一系列举措共同确保了冷链物流产品的品质，有效降低了运营成本，实现了冷链物流的精细化、高效化运作。

> 📖 **小案例**
>
> 　　山绿集团5号冷库的落成标志着其向中部最大智慧冷链物流基地迈出重要一步。该基地旨在通过高度自动化、信息化的管理系统，实现货物进出的高效调度与监控，力求到2025年达到年货物吞吐量200万t、年交易额300亿元的目标。这体现了山绿集团在冷链物流领域的规模化与专业化追求。它构建了包括"农产品冷链物流+中央厨房""农产品冷链物流+区域分拨中心"和"农产品冷链物流+供应链贸易（金融）"在内的综合服务体系，不仅提供基础的冷链物流服务，还深入供应链上下游，为客户提供增值服务，增强了服务的多样性和专业性。

（4）资源共享化。通过建立冷链物流资源交换共享机制，构建集信息发布、在线交易、车辆跟踪、货物查询、产业动态分析等功能于一体的区域性、第三方冷链物流资源交易运营平台。

> **📖 小案例**
>
> "冷链马甲"是利用互联网技术打造的冷链物流资源交易平台，它汇聚了全国各省市的冷库资源，为有需求的企业和个人提供在线查询、预订服务。用户可以根据自身需求，如地理位置、储存温度、仓储容量等条件，快速筛选并租赁到合适的冷库，实现仓储资源的灵活共享和高效利用。

知识点4：智慧冷链物流基本运作模式

智慧冷链物流的基本运作模式围绕着高度信息化、自动化和智能化展开，旨在确保敏感商品在整个供应链中维持恒定的低温状态，从源头到终端全程可控。智慧冷链物流的基本运作模式主要包括自营冷链物流模式、基于第三方物流企业的冷链物流模式、与第三方企业联盟的冷链物流模式、供应链物流联盟的冷链物流模式。

1. 自营冷链物流模式

自营冷链物流模式是指企业自主投资、建设和管理整个冷链物流体系，包括冷库、冷藏车辆、温控设备、信息系统等基础设施，以确保商品在存储、运输过程中的品质与安全。这种模式下，企业能够直接控制冷链物流的每一个环节，实现供应链的高度整合与优化，其主要特点和优势见表6-7。

表6-7 自营冷链物流模式的主要特点和优势

特点	优势
全程控制与质量保证	企业直接监控生产、储存、运输至交付的每一环节，从源头到终端客户，确保温湿度等条件，保护易腐货物如生鲜、药品的品质与安全
灵活响应市场需求	根据市场变化迅速调整策略，如改变运输频次、存储容量，以适应业务增长和满足消费者需求
资源整合与效率提升	通过整合仓储、运输资源，实行统一管理，利用信息化工具优化流程，降低损耗，加速响应，加强供应链上下游协同
技术支持与信息化管理	依托物联网、AI技术，实现温度智能监控与预警，利用大数据优化库存与路线，提高决策与服务水平
品牌建设和客户信任	凭借全程可控、高品质服务强化品牌形象，建立消费者信任，展现企业责任感与专业性
长期投资与可持续发展	尽管初期投资大，但有利于长期战略规划，自营模式助力企业构建核心竞争力，促进业务扩展，增强对外部环境变化的适应力，实现绿色发展

2. 基于第三方物流企业的冷链物流模式

基于第三方物流企业的冷链物流模式，即企业选择与专业的第三方冷链物流服务商合作，委托其负责商品在低温环境下的存储、运输及配送等环节，其主要特点和优势见表6-8。

表6-8 基于第三方物流企业的冷链物流模式的主要特点和优势

特点	优势
专业服务	利用第三方物流企业专业的冷链设施、技术和管理经验，为客户提供定制化的冷链物流解决方案，包括温控仓库、冷藏车辆、先进的温湿度监控系统等
成本效益	企业无须自行投资昂贵的冷链基础设施，而是通过合同形式支付服务费用，这有助于降低固定成本，转移投资风险，并根据业务量灵活调整支出
灵活应对	第三方物流提供商能快速适应企业需求变化，如季节性需求波动；提供弹性的仓储和运输服务，帮助企业快速响应市场
分散风险	由第三方承担冷链物流的运营风险，如货物损坏、温度失控等；企业可通过合同条款减轻自身的责任风险，并可享受第三方提供的保险保障
共享技术	第三方冷链物流企业往往拥有先进的IT系统，能提供实时货物追踪、库存管理、数据分析等服务，帮助客户提高供应链透明度和效率
合法合规	专业第三方物流遵循国内外冷链物流法规，确保合规操作，助力客户突破国际贸易绿色壁垒，为高监管商品提供畅通无阻的物流通道

> **小案例**
>
> 山绿集团为伊利集团精心打造冷链物流解决方案，确保乳制品新鲜速达。从低温仓储到冷链运输，山绿集团全程温控，依托智能化监控系统，实时跟踪货物状态，维持产品品质。面对伊利集团多元化的需求，山绿集团灵活调配资源，即使在需求高峰期亦能稳定供货，助力伊利集团扩展市场，提升消费者满意度。双方合作强化了品牌信赖度，树立了高效冷链物流供应链的标杆。

3. 与第三方企业联盟的冷链物流模式

与第三方企业联盟的冷链物流模式是指制造企业与第三方物流企业结成联盟，以合作协议的形式共同完成制造企业的物流活动。其主要特点和优势见表6-9。

表6-9 与第三方企业联盟的冷链物流模式的主要特点和优势

特点	优势
信息共享	利用先进的信息技术，如物联网、GPS、温湿度监控系统等，实现数据互通，提升冷链物流的透明度和效率
资源整合	联盟成员共享冷藏仓库、运输车队等冷链物流基础设施，优化资源配置，避免重复建设，降低成本
标准化作业	推动冷链物流作业流程的标准化，确保服务质量和食品安全标准的一致性
服务范围扩大	联盟企业可弥补彼此网络覆盖的不足，共同开拓更广阔的市场，满足客户全国乃至全球的冷链物流需求
竞争力增强	携手合作，提供更加全面、专业的冷链物流解决方案，增强对潜在客户的吸引力，与对手形成差异化竞争，构建独特的市场定位
可持续发展	共同探索绿色冷链物流技术，如使用环保包装、节能设备，促进整个行业的可持续发展

4. 供应链物流联盟的冷链物流模式

供应链物流联盟的冷链物流模式是指以制造企业为核心，与供应链上的一个或多个伙伴企业结成物流合作联盟。这一模式基于共同的目标，通过一定的制度安排，形成一个集成化的供应链管理体系。它是一种合作策略，旨在让供应链上的两个或多个企业为了实现共同的战略目标,通过签订正式或非正式的协议,将各自的物流资源和能力整合起来,形成一个松散型的合作网络。其主要特点和优势见表6-10。

表6-10 供应链物流联盟的冷链物流模式的主要特点和优势

特点	优势
资源互补与共享	联盟企业能够共享仓储、运输、信息技术等物流资源,减少重复投资,提高资源利用率
风险分散	通过联盟,企业可以共同承担市场波动、运营风险,减轻单一企业承受的压力
敏捷性	联盟使得企业能更快地适应市场需求变化,快速响应供应链上下游的变化
信息集成与透明	利用信息技术实现信息共享,增强供应链的可视性和可控性,提升决策效率
合作创新	不同企业的知识和技术交流可以促进创新,共同开发新的物流解决方案或服务
定制化服务	通过集合多方优势,联盟能够为客户提供量身定制且服务范围更广的物流解决方案,增强客户满意度和忠诚度

> **小案例**
>
> 美的集团与华润物流强强联合,构建高效供应链联盟。双方依托华润物流的广泛网络与先进的管理系统,整合仓储、配送资源,实现美的产品从工厂到终端的快速、精准流动。此联盟不仅增强了美的供应链的灵活性与响应速度,降低了物流成本,还通过提供更加个性化的物流解决方案,提升了客户服务体验,进一步巩固了美的市场领先地位,深化了客户忠诚度。

任务实施

任务单见表6-11。

表6-11 任务单

任务:选择智慧冷链物流技术				
任务目的	通过实地调查或网络调查,为A生鲜零售企业选择智慧冷链物流技术,学生将全面掌握智慧冷链物流技术的选择和应用,具备设计、实施和管理智慧冷链物流系统的能力,能够为企业提供高效、可靠的冷链物流解决方案			
任务组织	根据班级人数将学生分成若干小组,每个小组需要为案例中的企业选择智慧冷链物流技术			
任务流程	任务环节	核心要点		
^	选择智慧冷链物流技术	(1)常见的智慧冷链物流技术		
^	^	序号	常见的冷链物流技术	应用场景	备注
^	^	1			
^	^	2			
^	^	3			
^	^	(2)A生鲜零售企业应选用哪些智慧冷链物流技术?写出理由		

（续）

任务环节		核心要点
任务流程	选配设备	（1）常见的智慧冷链物流设备 | 序号	常见的智慧冷链物流设备	功能	备注 | |---|---|---|---| | 1 | | | | | 2 | | | | | 3 | | | | （2）A生鲜零售企业应选用哪些智慧冷链物流设备？写出理由
	规划业务流程	（1）智慧冷链物流业务的流程 （2）请为A生鲜零售企业规划业务流程
	教师点评	（1）智慧冷链技术的掌握。对智慧冷链核心技术及其在不同环境下的适用性和潜在挑战的理解 （2）设备、技术选择。能否根据具体需求选择合适的设备，在选择先进技术的同时是否考虑了技术的安全性和可靠性 （3）流程设计。业务流程是否涵盖了从生产到配送的全流程管理，是否合理，是否引入了信息化管理系统和自动化操作流程
	教师总结	在本次任务中，学生学习了冷链物流相关设备的选配以及业务流程的规划。这项任务不仅要求学生理解冷链技术，还需要综合考虑实际应用场景中的各种因素
考核要求		本任务的考核主要以小组为单位进行，考核的主要内容有小组成员的分工协作情况、任务完成情况等

任务评价

任务评价表见表6-12。

表6-12 "选择智慧冷链物流技术"任务评价表

评价项目	分值	评价标准	自评（20%）	他评（30%）	师评（50%）	实际得分
选择智慧冷链物流技术	30	能正确选择合适的智慧冷链物流技术				
选配设备	30	选择合适的冷链物流设备				
规划业务流程	40	规划科学、合理的业务流程				
		合计				

拓展阅读

智慧冷链物流的应用

S地是一个农业产业发展相对滞后的地区，主要产业为农产品种植和畜牧业。为了推动当地农业发展、增加农民收入，当地政府决定引入智慧冷链物流技术，提升农产品运输和销售效率。该地区的蔬菜和水果生产较为丰富，但由于交通条件有限，农产品运输一直面临损耗大、价格不稳定等问题。

当地政府积极引进智慧冷链物流系统，并建设了一个先进的冷链物流配送中心。该中心配备了先进的温度监测和控制系统，同时冷链运输车辆也采用了智能路线规划系统，确保了蔬菜、水果在运输过程中保持适宜的温度。此外，政府还组织农民合作社成员参与培训，使他们掌握智慧冷链物流系统的操作，了解产品质量的重要性，并学会如何通过系统提高产品的附加值。政府还提供智慧冷链设备补贴，降低了合作社引入新技术的成本。

作业与练习

一、单项选择题

1. 智慧冷链物流中的主要技术不包括（　　）。
   A. 物联网　　　B. 云计算　　　C. 3D打印　　　D. 大数据分析
2. 智慧冷链物流按服务对象分类，不包括（　　）。
   A. 初级农产品冷链物流　　　　B. 加工食品冷链物流
   C. 医药用品冷链物流　　　　　D. 电子商务冷链物流
3. 智慧冷链物流的特点是（　　）。
   A. 手工化　　　B. 智能化　　　C. 人工化　　　D. 分散化
4. 基于第三方物流企业的冷链物流模式的特点是（　　）。
   A. 企业自营冷链设施
   B. 生产经营企业将物流活动委托给专业物流服务企业
   C. 制造企业与第三方物流企业结成联盟
   D. 供应链上的企业结成物流合作联盟
5. 智慧冷链物流的运作模式中，（　　）指的是制造企业与供应链上的一个或多个伙伴企业结成物流合作联盟。
   A. 自营冷链物流模式　　　　　B. 基于第三方物流企业的冷链物流模式
   C. 与第三方企业联盟的冷链物流模式　　D. 供应链物流联盟的冷链物流模式

二、判断题

1. 智慧冷链物流通过物联网、云计算平台等技术手段实现产品从出库到消费者家中全冷链的智能管控。（　　）
2. 智慧冷链物流主要服务对象是工业用品，食品与农产品的占比较少。（　　）
3. 智慧冷链物流的智能化特点包括利用温湿度传感器、RFID、GPS及软件管理系统进行监控与管理。（　　）
4. 自营冷链物流模式是指生产经营企业把物流活动委托给专业物流服务企业。（　　）
5. 《食品安全国家标准　食品冷链物流卫生规范》（GB31605—2020）是强制性国家标准，适用于食品出厂后到销售前需要温度控制的物流过程。（　　）

三、技能训练题

1. 请列举智慧冷链物流基本运作模式，并简要说明它们的特点。
2. 以小组为单位，调研智慧冷链物流的未来发展趋势。

任务三　智慧快递物流的应用

任务描述

随着电子商务的迅猛发展，快递物流行业迎来了前所未有的增长机遇。然而，传统的物流模式已无法满足日益增长的市场需求和客户期望。为了提升物流运营效率、降低运营成本并提高客户满意度，智慧快递物流应运而生。

某快递公司在快速扩展业务的过程中，决定在新城市设立一家分公司。新建分公司面临的挑战包括如何高效管理订单、优化仓储、提升分拣效率、实现快速准确的配送以及提供优质的客户服务。为此，该快递公司需要为新建的分公司选择并实施合适的智慧快递物流技术。请同学们以小组为单位，分析此分公司当前的业务需求和技术要求，为该分公司选择合适的智慧快递物流技术。

知识准备

知识点1：智慧快递物流的概念

智慧快递物流是利用物联网、大数据分析、人工智能、云计算等先进技术，对快递物流的各个环节进行优化和升级，实现高效、智能、安全的快递服务。智慧快递物流通过技术手段提升快递运作的效率和质量，提供更好的用户体验。

知识点2：智慧快递物流的技术应用

智慧快递物流的技术应用见表6-13。

表6-13　智慧快递物流的技术应用

技术	应用场景	功能与优势
物联网	包裹追踪、车辆管理、环境监测	实现对包裹、车辆和环境的实时监控和管理，提升运输的透明度和安全性
大数据分析	需求预测、路径优化、运营分析	通过对历史数据和实时数据的分析，优化快递路线，提升运输效率，降低运营成本
人工智能	智能分拣、自动驾驶、客服机器人	提高分拣效率和准确性，实现无人驾驶配送，提供智能客户服务
云计算	数据存储与处理、平台集成	提供强大的计算和存储能力，支持快递物流平台的高效运作和数据整合

知识点3：智慧快递物流的特点

智慧快递物流应运而生，它标志着物流行业向更加智能化、数字化转型的重大飞跃。

智慧快递物流的核心在于深度融合物联网、大数据、云计算、人工智能等前沿技术，彻底革新传统物流模式，其特点主要有以下几点。

（1）实时性。通过物联网和大数据技术，实现对快递物流全过程的实时监控和管理，确保信息的及时更新和传递。

（2）智能化。应用人工智能技术，实现智能分拣、路径优化、无人驾驶等功能，提升快递物流的智能化水平。

（3）高效性。通过技术手段优化各个环节的流程，提高运作效率，降低成本，缩短配送时间。

（4）安全性。通过实时监控和数据分析，提升快递运输的安全性，减少包裹丢失和损坏的风险。

> **小知识**
>
> 2024年5月中国快递发展指数为434.3，同比提升17.1%。其中发展规模指数、服务质量指数、发展能力指数和发展趋势指数分别为530、675.1、218.9和70.6，同比分别提升30.5%、14%、1.9%和0.9%。5月，行业发展动力继续释放，市场规模加快扩大，服务质效明显提升，发展能力稳步增强，未来发展持续向好。
>
> 快递发展指数指标体系包含发展规模指数、服务质量指数、发展能力指数和发展趋势指数等4个一级指标和11个二级指标。其中，发展规模指数包括业务量和业务收入2个二级指标，服务质量指数包括公众满意度、72小时妥投率和用户有效申诉率3个二级指标，发展能力指数包括快递深度、网点密度、劳动生产率和支撑网络零售额等4个二级指标，发展趋势指数包括业务增长预期和快递资本市场预期2个二级指标。
>
> 中国快递发展指数评价采用指数评价方法，以2016年3月为基期，基期值设定为100，通过标准值实现数据的无量纲化，通过加权合成中国快递发展指数。

知识点4：智慧快递物流的应用场景

智慧快递物流的应用场景见表6-14。

表6-14　智慧快递物流的应用场景

应用场景	应用技术	功能与优势
智能仓储	自动化立体仓库、智能分拣系统、仓储管理系统	提升仓储利用率和分拣效率，实现高效的仓储管理
智能配送	无人驾驶车辆、无人机配送、智能快递柜	提高配送效率和灵活性，减少对人力的依赖
客户服务	智能客服系统、快递信息实时查询、个性化配送服务	提升客户体验，提供便捷的服务和支持

知识点5：智慧快递物流的挑战

尽管智慧快递物流带来了前所未有的效率与便捷，其发展路径并非没有阻碍。随着技术的日新月异和行业需求的不断增长，智慧快递物流面临着一系列亟待解决的挑战和考验，主要包括以下几点。

（1）技术成本。智慧快递物流涉及大量先进技术的应用，初期投入较高，技术成本较大。

（2）数据安全。快递物流过程中涉及大量敏感数据，需确保数据的安全性和隐私保护措施得到妥善执行。

（3）标准化。智慧快递物流需要统一的技术标准和规范，确保各个环节的无缝衔接和协同运作。

知识点6：智慧快递物流的未来趋势

随着全球经济一体化的加速和消费者期待的日益提升，智慧快递物流正沿着一条融合技术创新与可持续发展理念的道路稳健前行。智慧快递物流将不断突破现有边界，其未来趋势集中体现在以下几个关键方面。

（1）全自动化。随着技术的进步，智慧快递物流将逐步实现从仓储到配送的全自动化，提高效率，降低成本。

（2）个性化服务。通过大数据和人工智能技术，提供更加个性化的快递服务，满足消费者多样化的需求。

（3）绿色物流。采用环保技术和设备，减少碳排放和能源消耗，推动绿色物流的发展。

知识点7：智慧快递物流各环节所应用的物流技术

在智慧快递物流的全链条升级中，每一环节都嵌入了高科技的基因，从商品的打包出库到最终送达消费者手中，一系列先进物流技术的综合运用正重塑着行业的面貌。具体而言，智慧快递物流各环节所应用的物流技术见表6-15。

表6-15　智慧快递物流各环节所应用的物流技术

环节	应用技术	功能与优势
订单生成	电子商务平台 自动化订单确认系统	集成支付和订单管理系统，确保订单信息准确传输和处理 实时确认订单并同步至物流管理系统，提高订单处理效率
仓储管理	仓储管理系统 自动化立体仓库 物联网 大数据分析	实时监控库存情况，优化库存布局，减少库存积压和缺货情况 利用自动化设备实现商品的快速入库和上架，提高仓储利用率 通过传感器实时监控仓库环境（温度、湿度等），确保商品存储条件符合要求 分析库存数据，预测需求，优化库存管理

（续）

环节	应用技术	功能与优势
分拣处理	智能分拣系统 自动化包装设备 人工智能	使用自动化设备和机器人根据订单信息自动分拣商品，提高分拣效率和准确性 根据商品特性和订单要求进行自动包装，确保包装质量和效率 对分拣结果进行自动审核，确保分拣的准确性和完整性
运输配送	路径优化系统 车辆管理系统（FMS） 智能调度系统	利用大数据和人工智能技术，实时分析交通状况和配送需求，优化配送路径 通过物联网和GPS技术，对配送车辆进行实时监控和管理，确保运输安全和高效 基于实时数据，动态调整车辆调度和配送计划，提高运输效率
"最后一公里"配送	无人驾驶车辆 无人机配送 智能快递柜 实时追踪系统	利用自动驾驶技术，实现"最后一公里"的自动化配送，减少对人力的依赖 在适合的场景下使用无人机进行配送，快速、灵活地将包裹送达消费者手中 在社区、办公楼等地点布置智能快递柜，方便消费者自助取件 通过物联网技术，提供包裹的全程实时追踪服务，提升配送透明度
客户服务	智能客服系统 快递信息实时查询系统 个性化配送服务	利用人工智能技术提供全天候客户服务，解答客户咨询和处理售后问题 让客户能够实时查询包裹状态，提升客户体验 根据客户需求提供定制化的配送方案，如定时配送、隐私保护配送等
数据分析与优化	数据收集与存储、大数据分析 运营优化系统	利用物联网和云计算技术，收集和存储物流全过程的数据；对收集的数据进行综合分析，识别潜在问题；基于分析结果，优化各环节的流程和策略，提高物流效率和服务质量

任务实施

任务单见表6-16。

表6-16 任务单

任务：选择合适的智慧快递物流技术	
任务目的	分析任务描述中某快递分公司当前的业务需求和技术要求，为该分公司选择合适的智慧快递物流技术
任务组织	学生分组合作，深入分析快递公司的需求，为其挑选合适的智慧物流信息技术，以优化物流流程
任务流程	**任务环节** / **核心要点** **需求分析** （1）调研企业现有的物流系统，了解现状和需求 （2）基于调研结果，明确企业对智慧快递物流系统的需求 （3）确定系统需实现的主要功能，如实时库存监控、智能分拣、路径优化、客户实时查询等 **技术选型与设备配置** 填写技术选择与设备配置表 技术选型与设备配置表 | 作业环节 | 技术 | 设备 | |---|---|---| | | | | | | | | | | | | | | | |
考核要求	本任务的考核主要以小组为单位进行，考核的主要内容有小组成员的分工协作情况、需求分析及技术选型与设备配置情况等

任务评价

任务评价表见表6-17。

表6-17 "选择合适的智慧快递物流技术"任务评价表

评价项目	分值	评价标准	自评（20%）	他评（30%）	师评（50%）	实际得分
需求分析	40	全面调研，准确识别问题，明确需求，设计合理方案并评估其可行性和创新性				
技术选型与设备配置	60	评估物联网、大数据、人工智能和云计算技术的选型与设备配置的适用性、整合性和实施效果，确保智慧快递物流系统的高效运行和优化				
合计						

拓展阅读

邮政行业2023：业务量激增，快递业务领跑

国家邮政局发布的2023年邮政行业发展统计公报显示，2023年邮政行业寄递业务量完成1 624.8亿件，同比增长16.8%。其中，快递业务量完成1 320.7亿件，同比增长19.4%。

2023年邮政集团函件业务量完成9.7亿件，同比增长2.7%；包裹业务量完成2 472.6万件，同比增长40.7%；订销报纸业务完成167.0亿份，同比增长0.8%；订销杂志业务完成6.5亿份，同比下降5.9%；汇兑业务完成348.9万笔，同比下降19.5%。

2023年邮政行业业务收入（不包括邮政储蓄银行直接营业收入）完成15 293.0亿元，同比增长13.2%。其中：快递业务收入完成12 074.0亿元，同比增长14.3%。快递业务收入占行业总收入的比重为79.0%，比2022年提高了0.8个百分点。快递与包裹服务品牌集中度指数CR8为84.0。

作业与练习

一、单项选择题

1. 智慧快递物流提升快递运作效率和质量的技术手段是（　　）。
   - A. 人工分拣
   - B. 物联网、大数据、人工智能、云计算
   - C. 手工管理
   - D. 传统物流技术

2. 智慧快递物流中，（　　）技术用于实时监控包裹和车辆的状态。
   - A. 人工智能
   - B. 大数据分析
   - C. 物联网
   - D. 云计算

3. 智慧快递物流的特点不包括（　　）。
   A. 实时性　　　B. 智能化　　　C. 高效性　　　D. 高成本
4. 智能仓储用来提升仓储管理效率的技术是（　　）。
   A. 自动化立体仓库、智能分拣系统、仓储管理系统
   B. 手工分拣、传统仓库管理
   C. 人工监控、手工记录
   D. 仅依靠人工智能技术
5. 智慧快递物流的未来趋势不包括（　　）。
   A. 全自动化　　　　　　　　B. 个性化服务
   C. 绿色物流　　　　　　　　D. 增加人力资源

二、判断题

1. 智慧快递物流通过技术手段实现物流全过程的智能化和高效化管理。（　　）
2. 在智慧快递物流中，人工智能技术主要用于订单生成和自动化订单确认。
 （　　）
3. 智慧快递物流的特点之一是能够通过实时监控和数据分析，减少包裹丢失和损坏的风险。（　　）
4. 大数据分析在智慧快递物流中的主要应用是优化快递路线和降低运营成本。
 （　　）
5. 智慧快递物流不需要统一的技术标准和规范，各环节可以独立运作。（　　）

三、技能训练题

1. 请列举智慧快递物流的主要技术，并简要说明它们的功能。
2. 假设你是一家智慧快递物流公司的数据分析师，请通过对现有物流数据的分析，提出一套优化方案，以提高公司的快递配送效率和客户满意度。

参考文献

[1] 程光. 智能物流[M]. 北京：科学技术文献出版社，2020.

[2] 霍艳芳，齐二石. 智慧物流与智慧供应链[M]. 北京：清华大学出版社，2020.

[3] 魏学将，王猛，李文锋. 智慧物流信息技术与应用[M]. 北京：机械工业出版社，2023.

[4] 谢金龙. 物流信息技术与应用[M]. 4版. 北京：北京大学出版社，2023.

[5] 赵惟，张文瀛. 智慧物流与感知技术[M]. 北京：电子工业出版社，2016.

[6] 杨宇平. 物流信息技术[M]. 北京：中国财富出版社有限公司，2023.

[7] 殷延海. 智慧物流管理[M]. 上海：复旦大学出版社，2023.